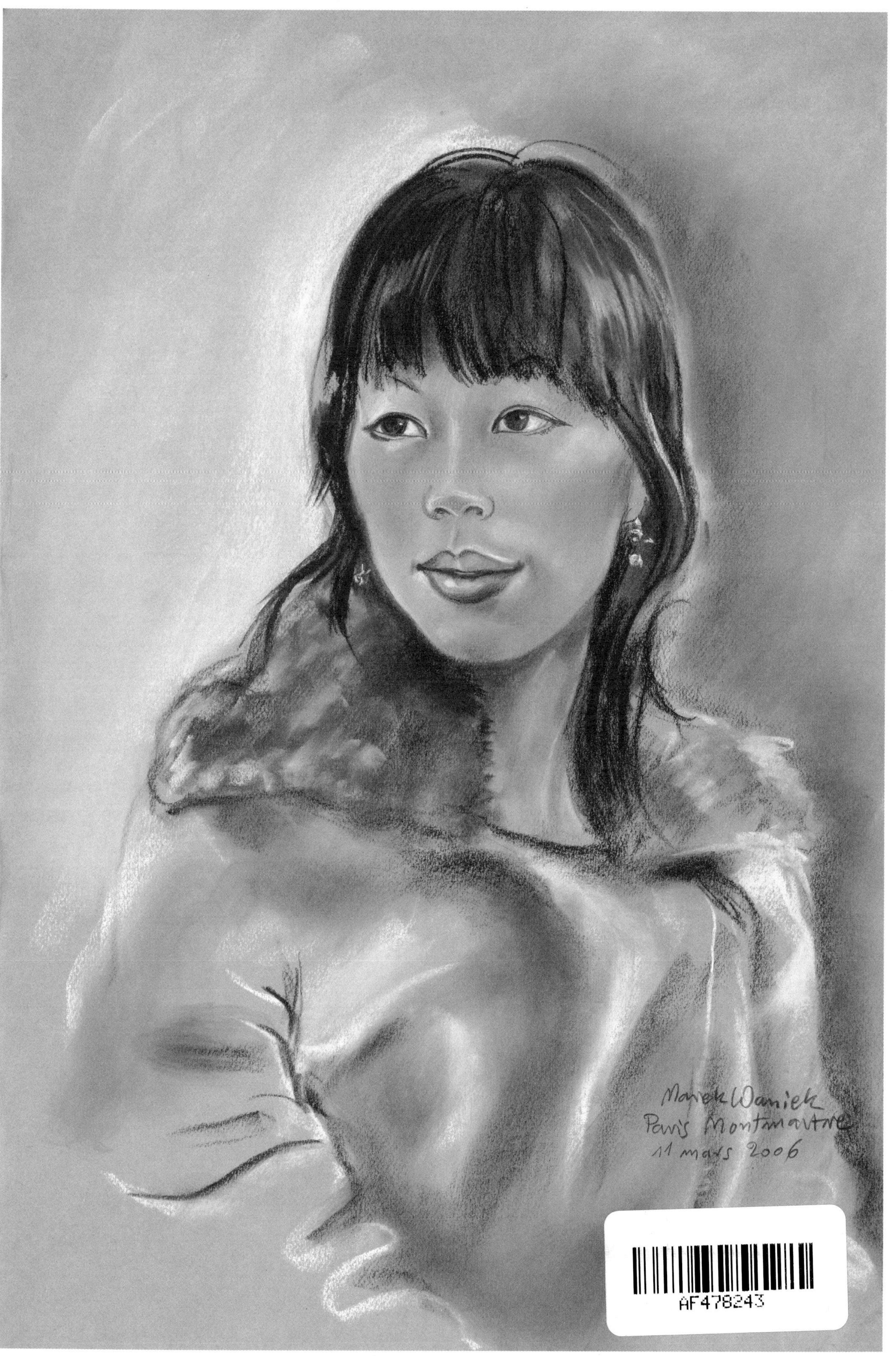

Mariek Waniek
Paris Montmartre
11 mars 2006

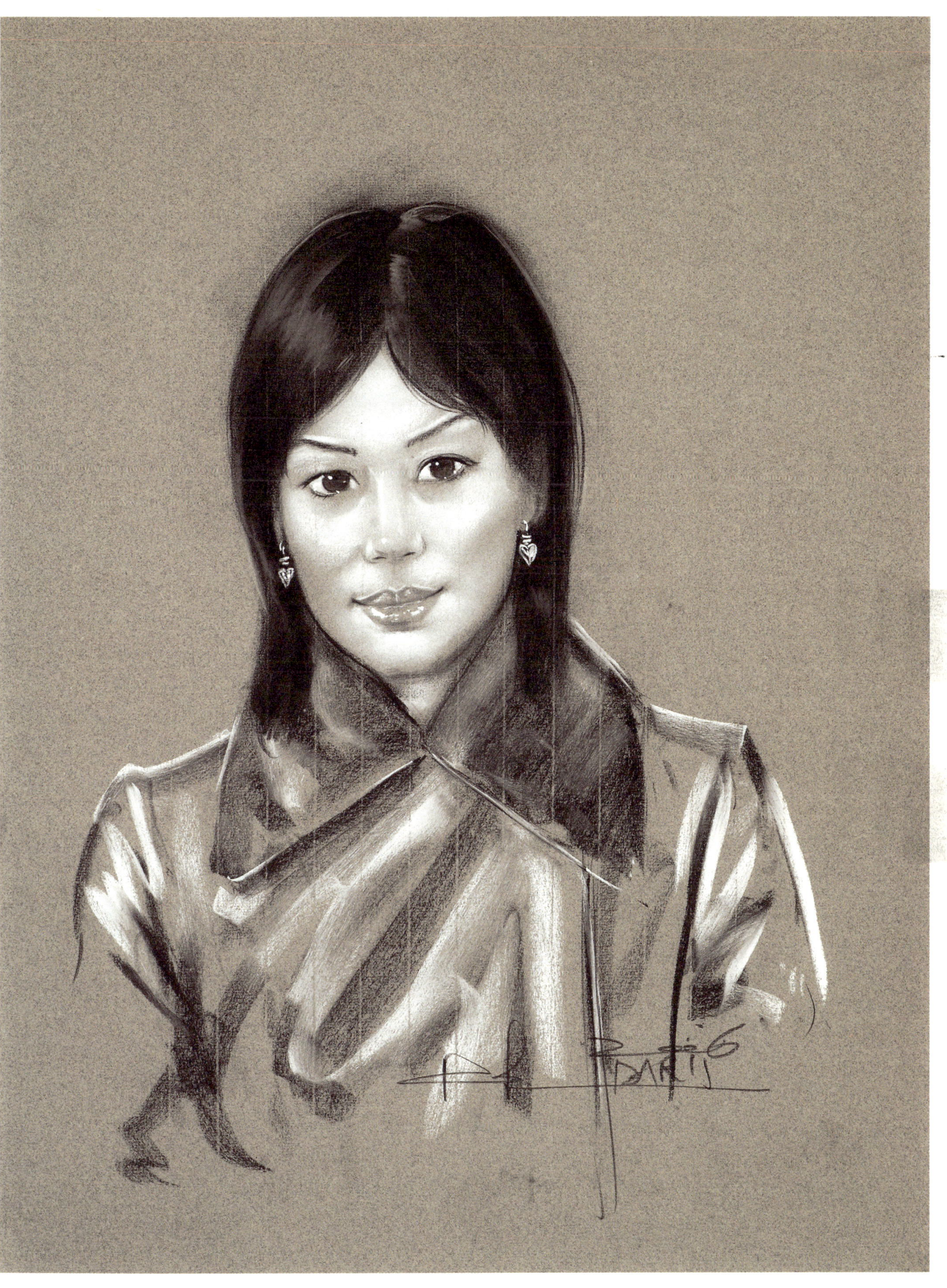

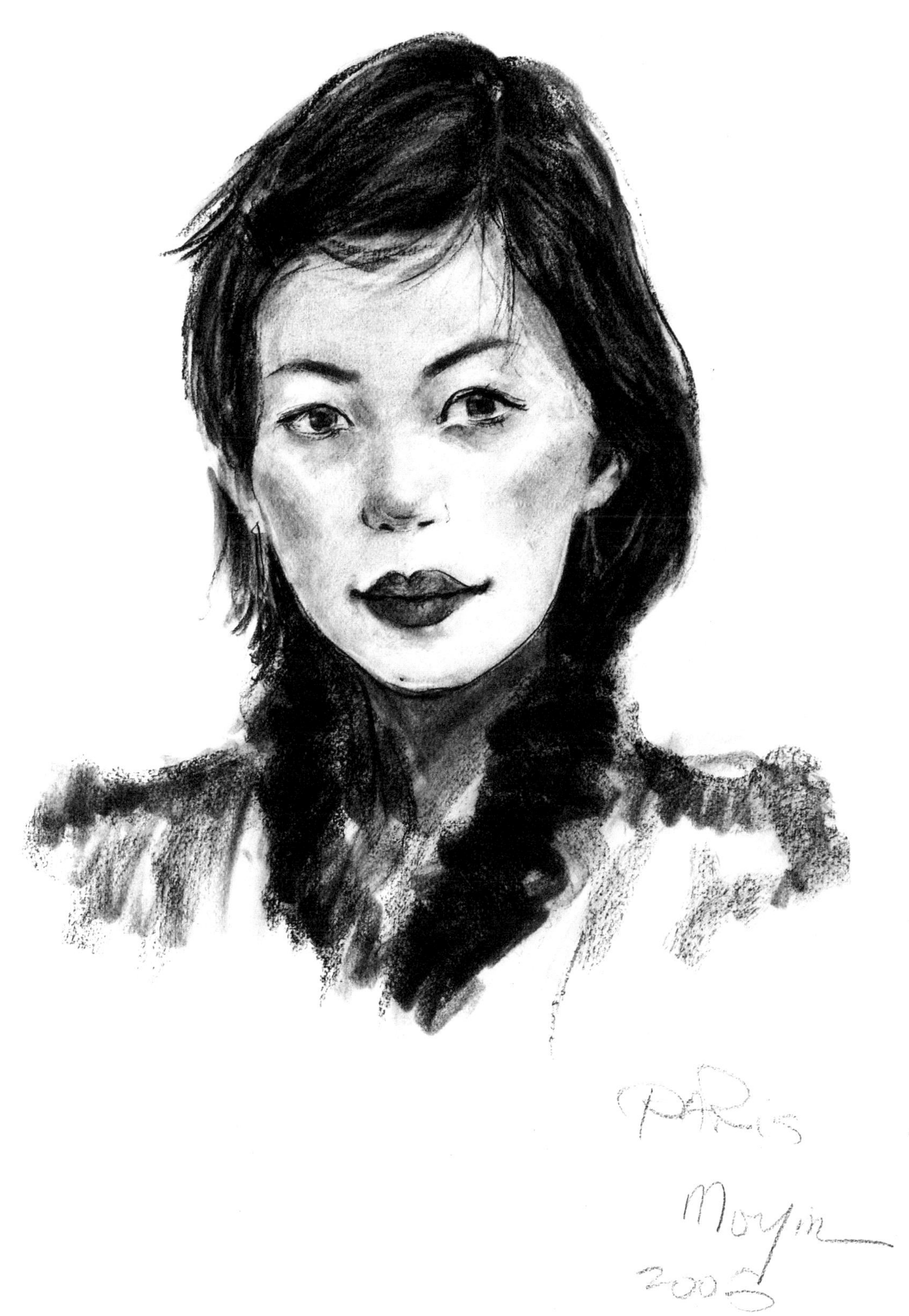

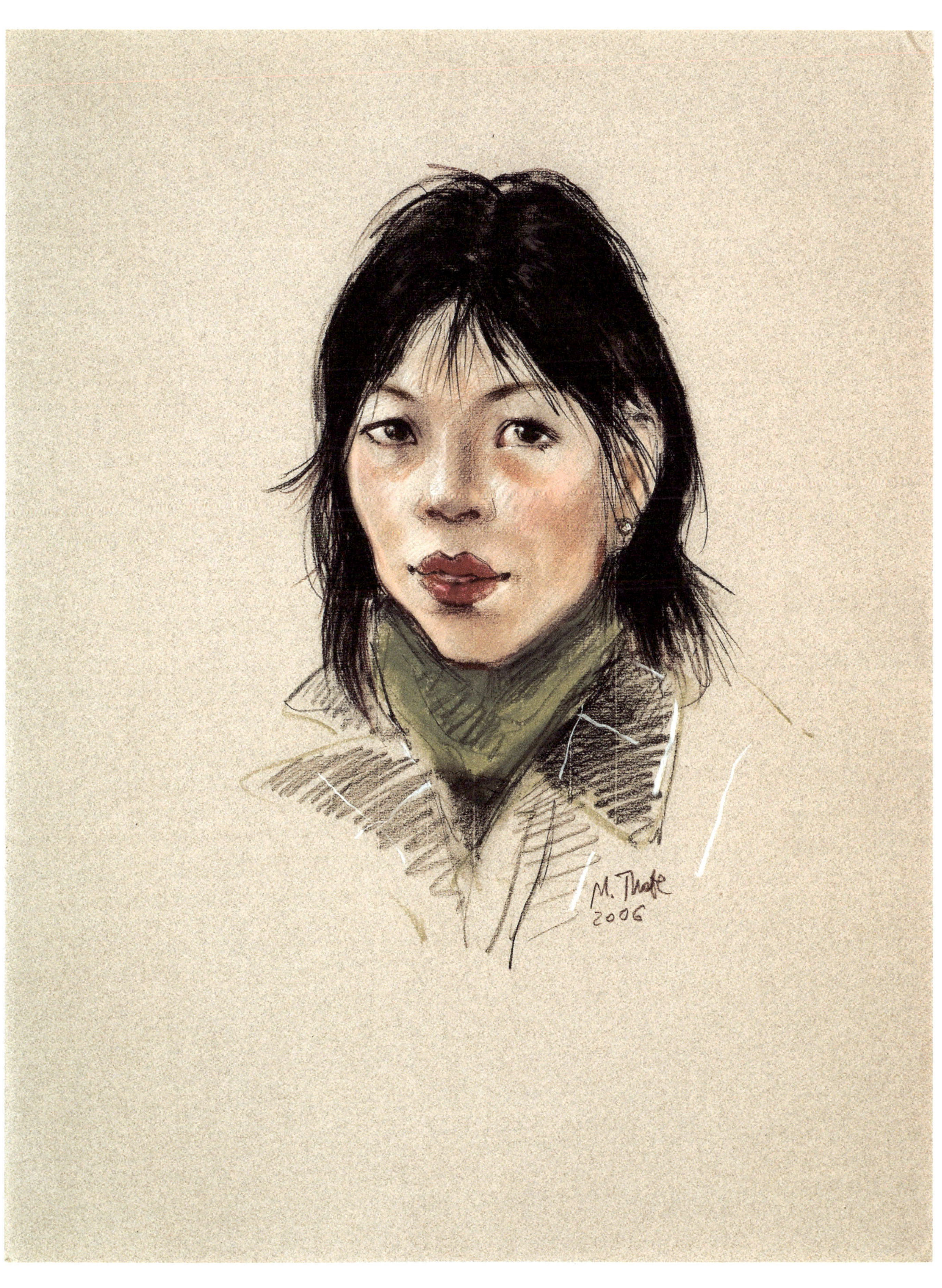
M. Thofe
2006

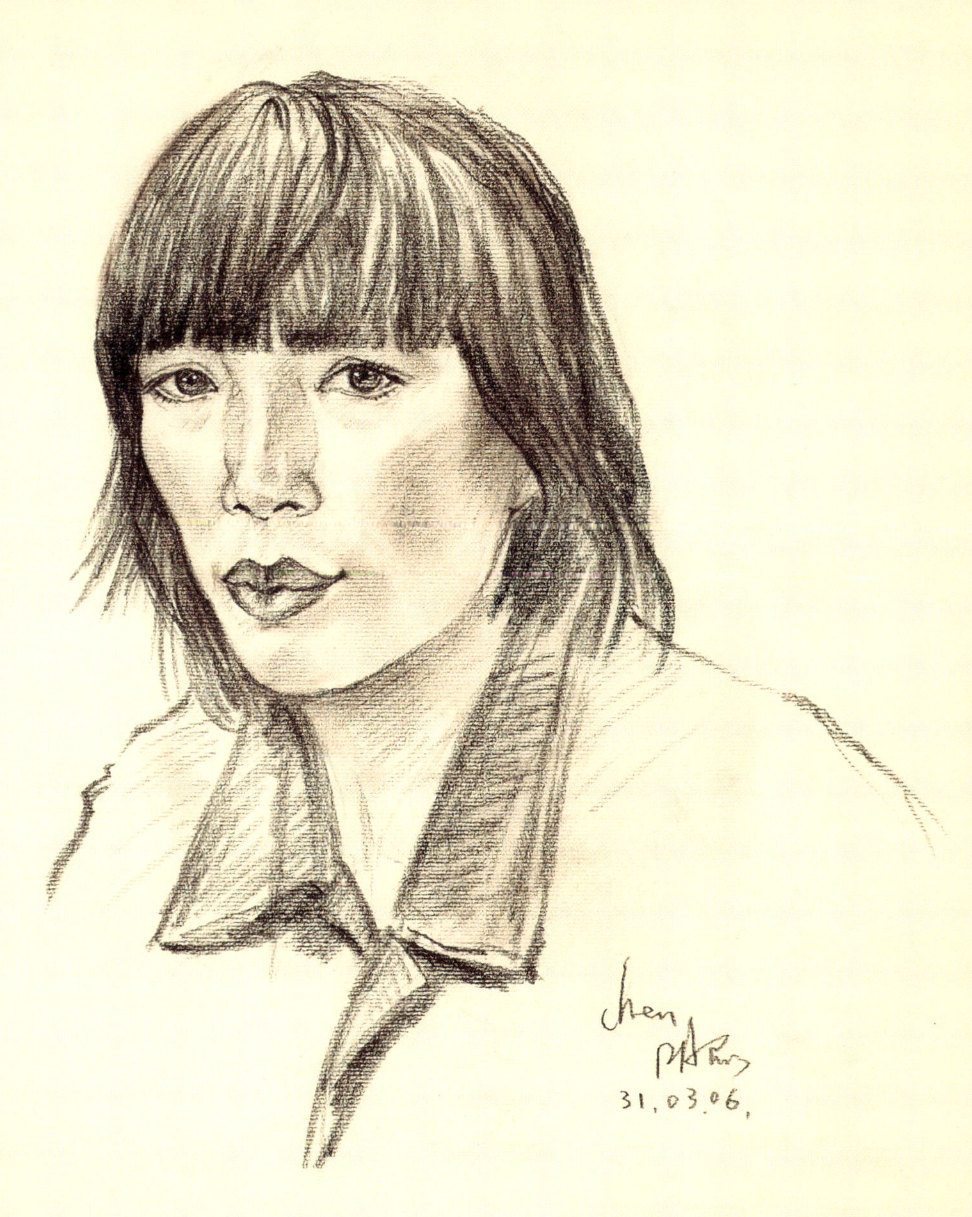

chen
31.03.06,

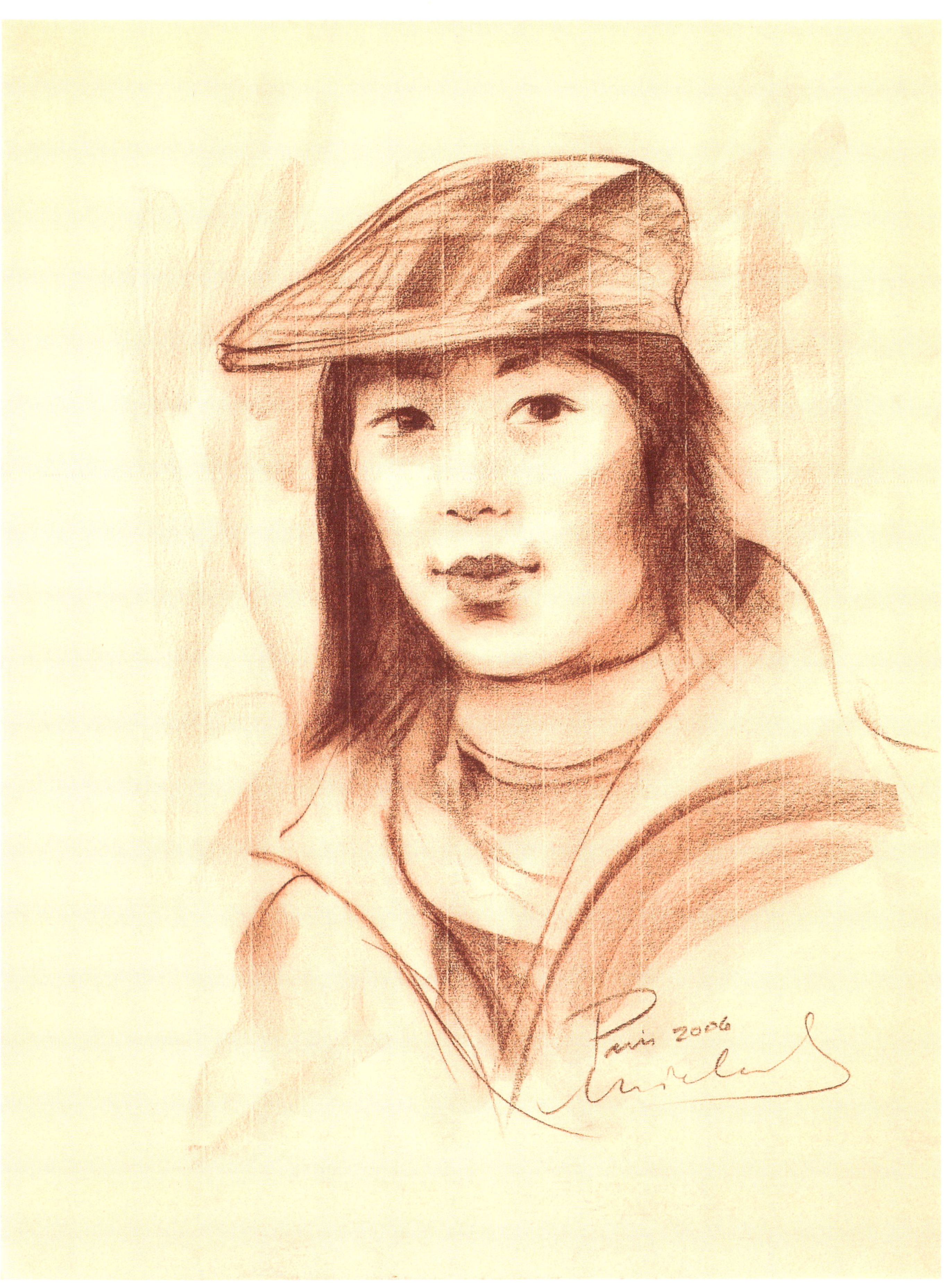

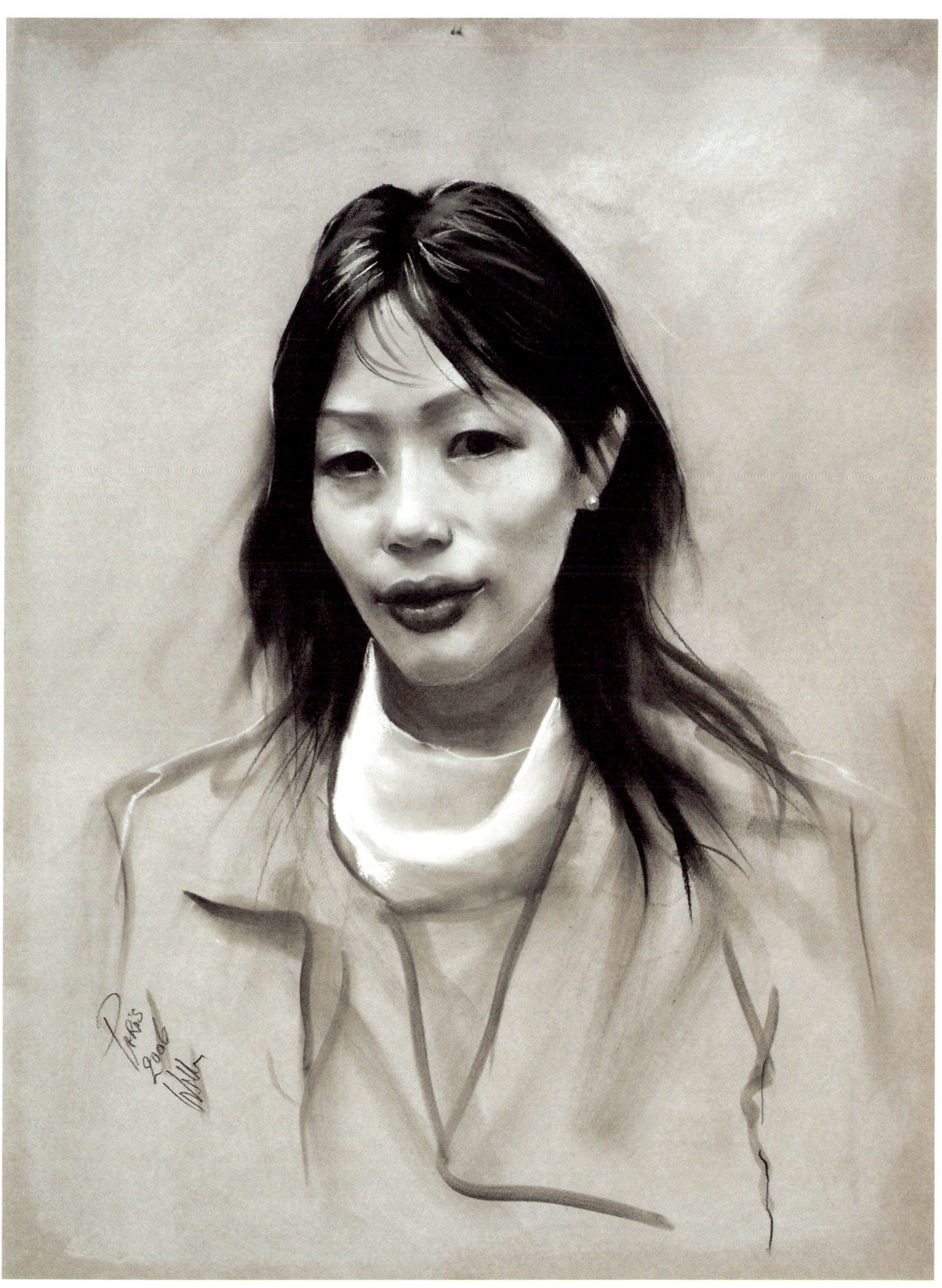

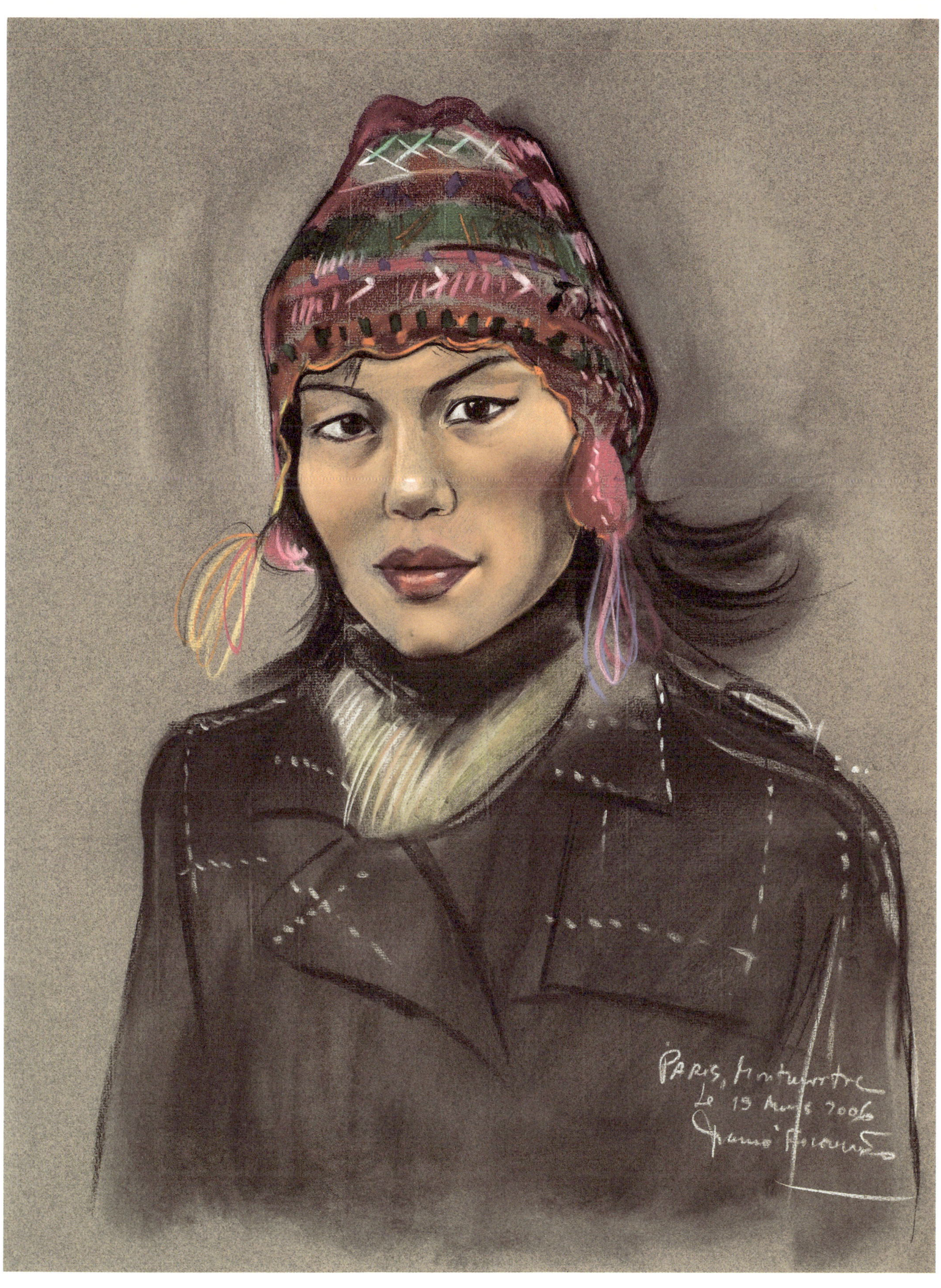

PARIS, Montmartre
Le 19 Mars 2006

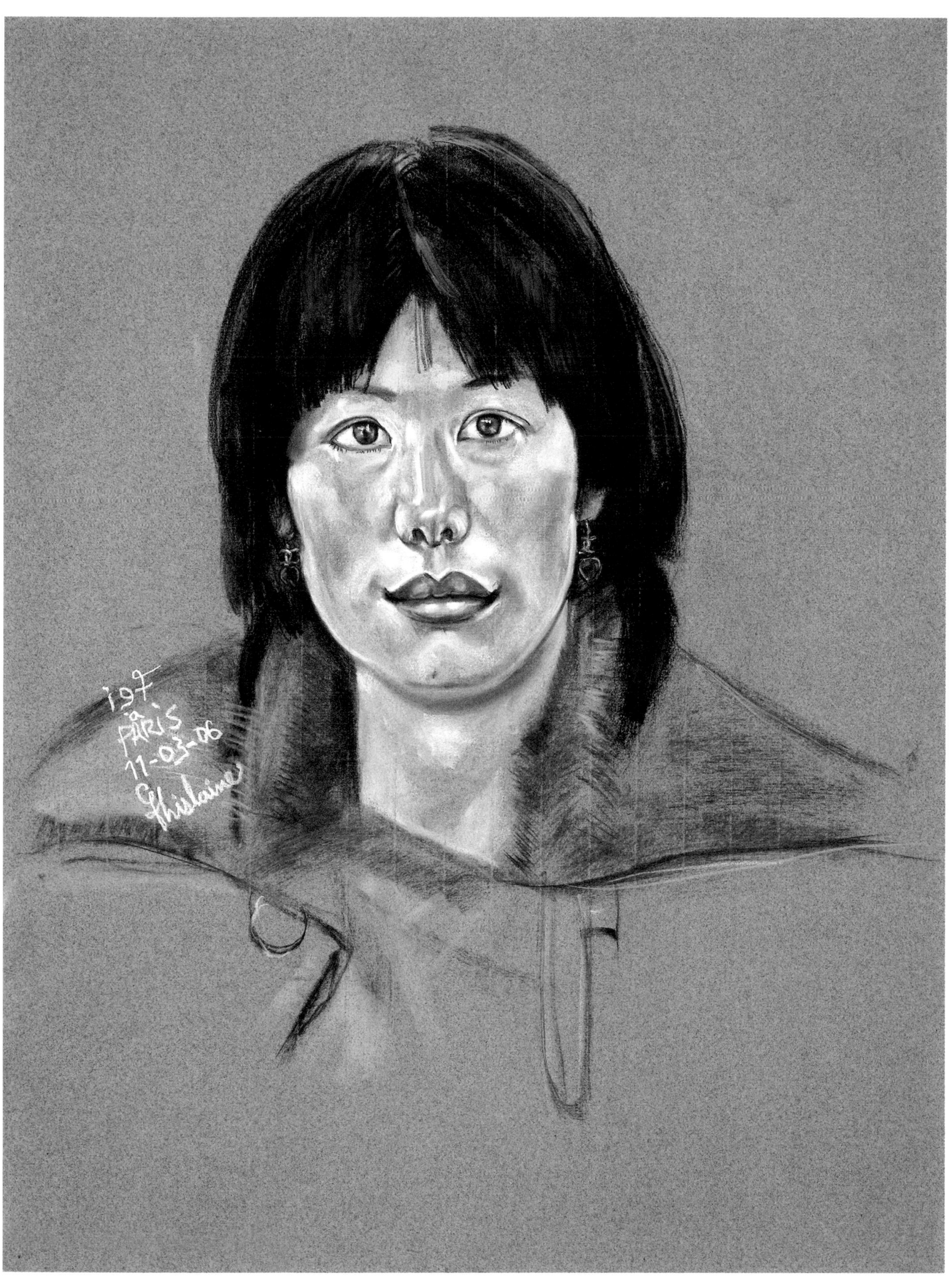

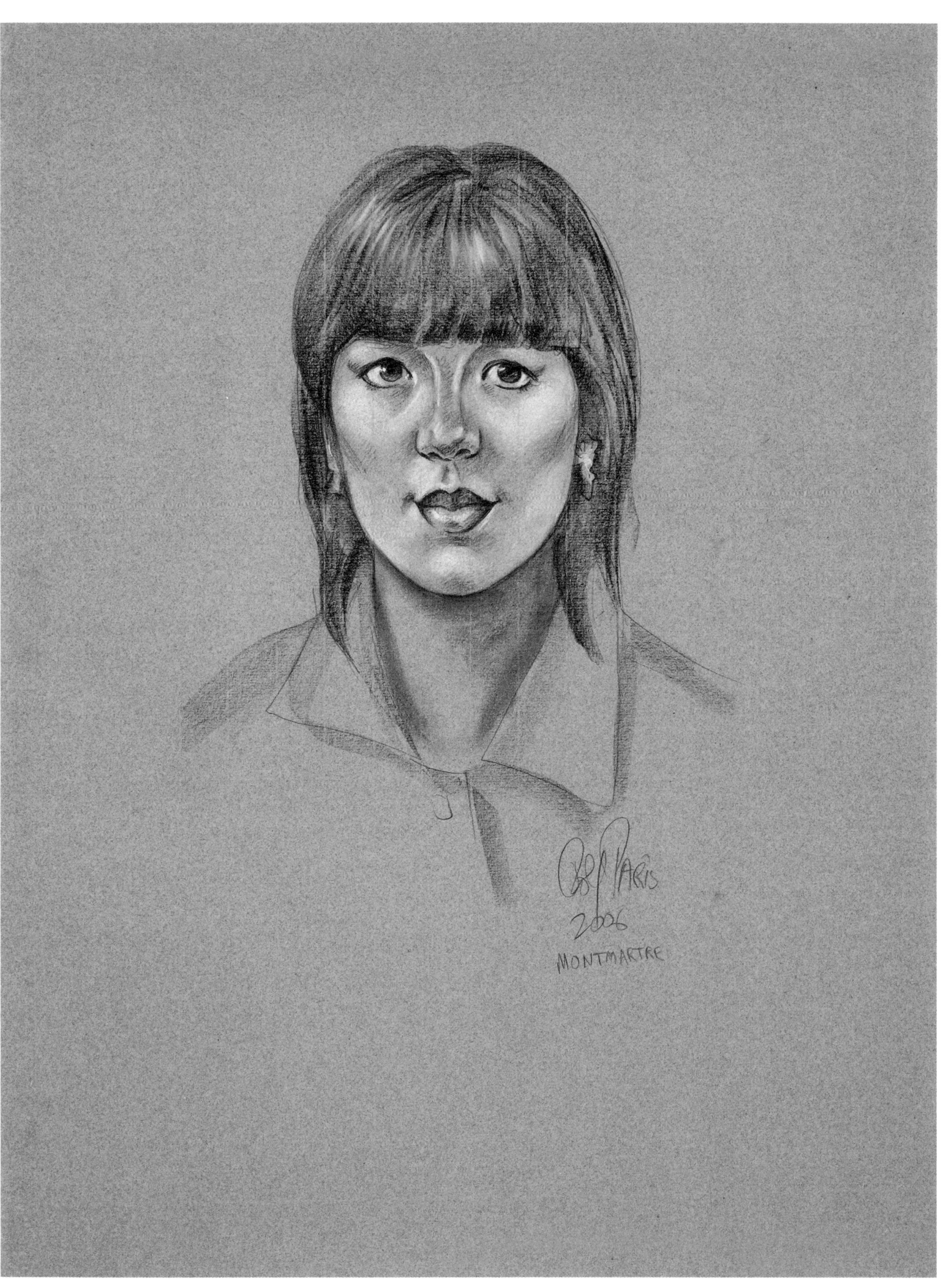
2006
MONTMARTRE

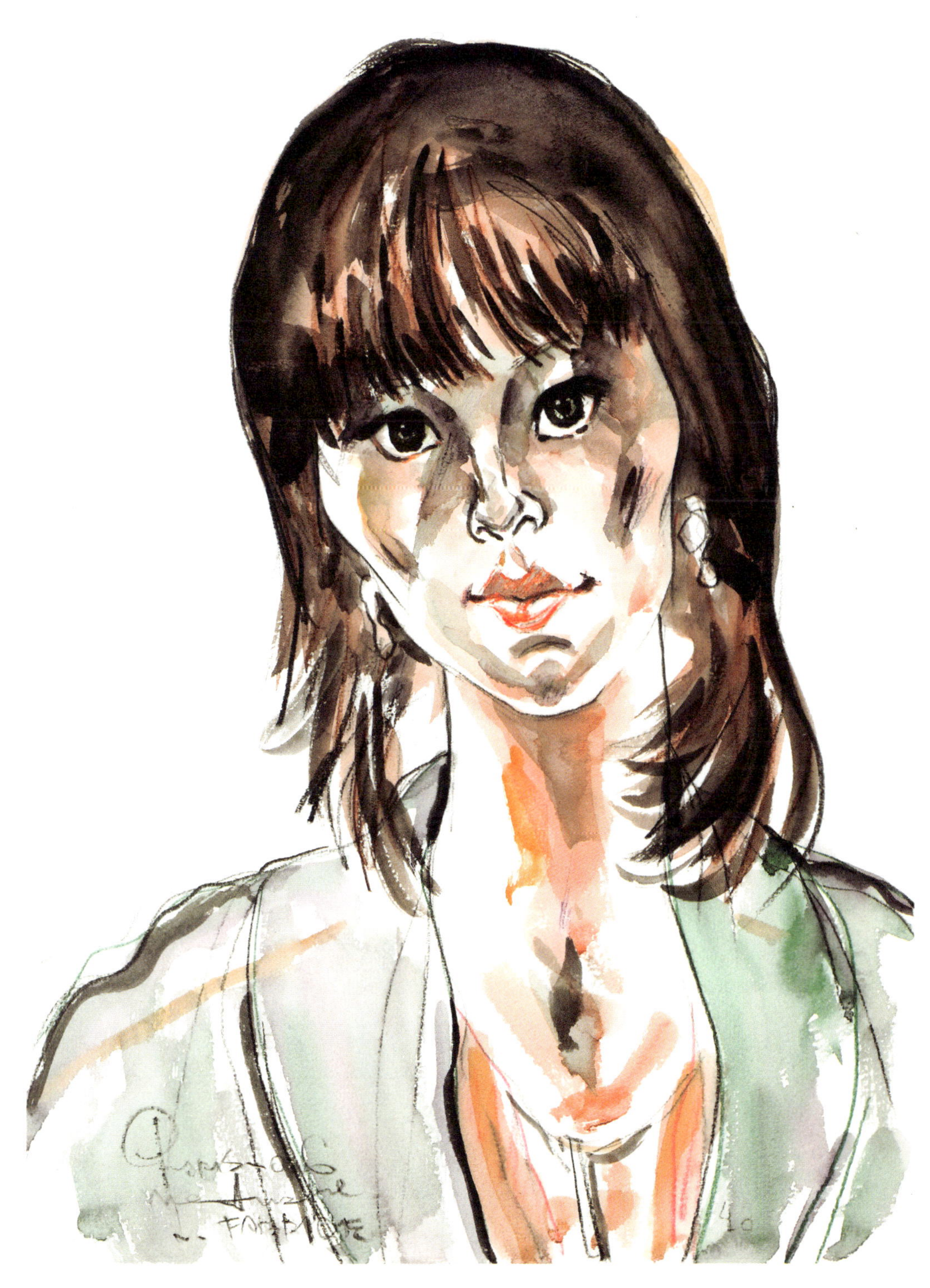

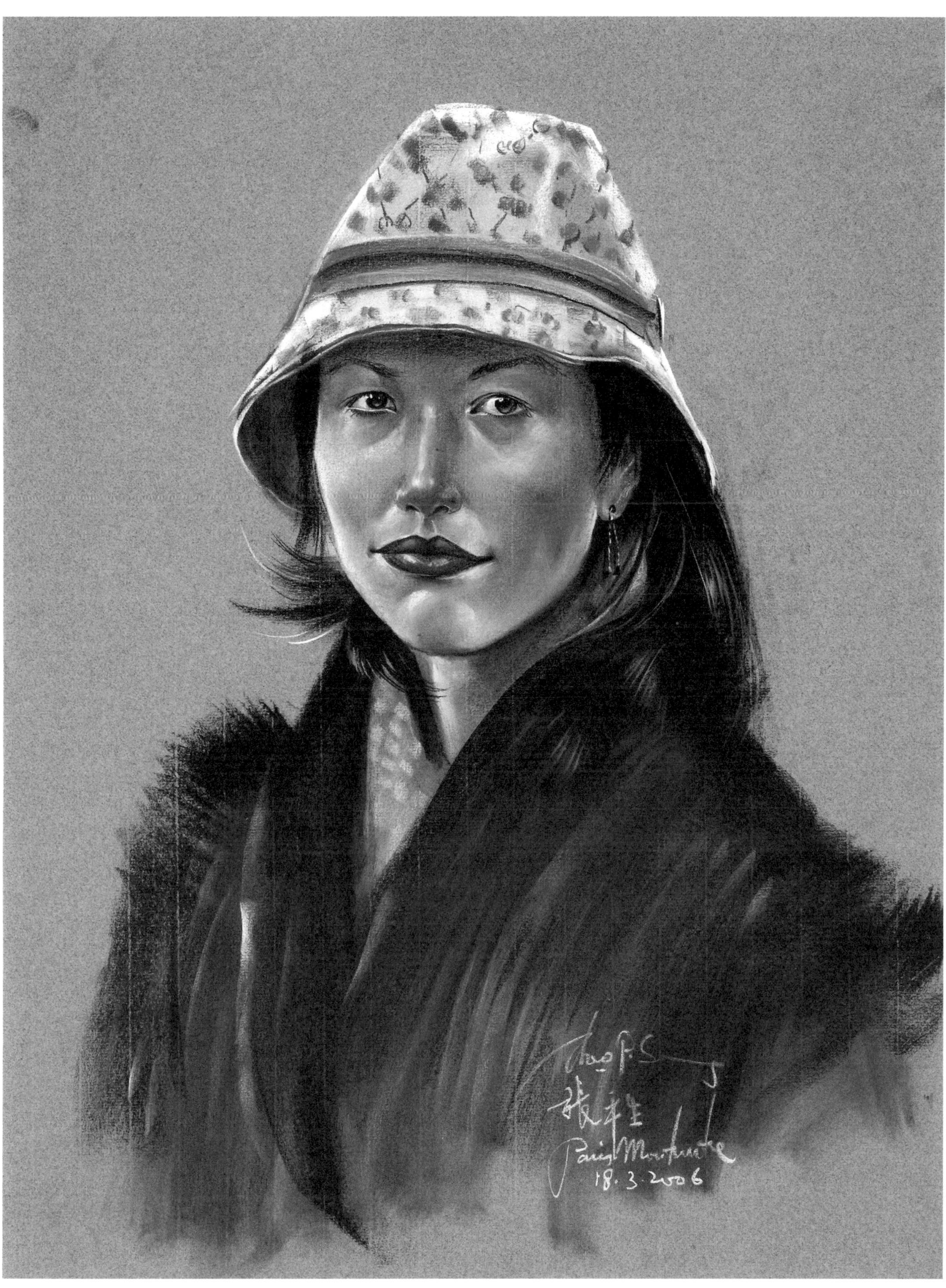

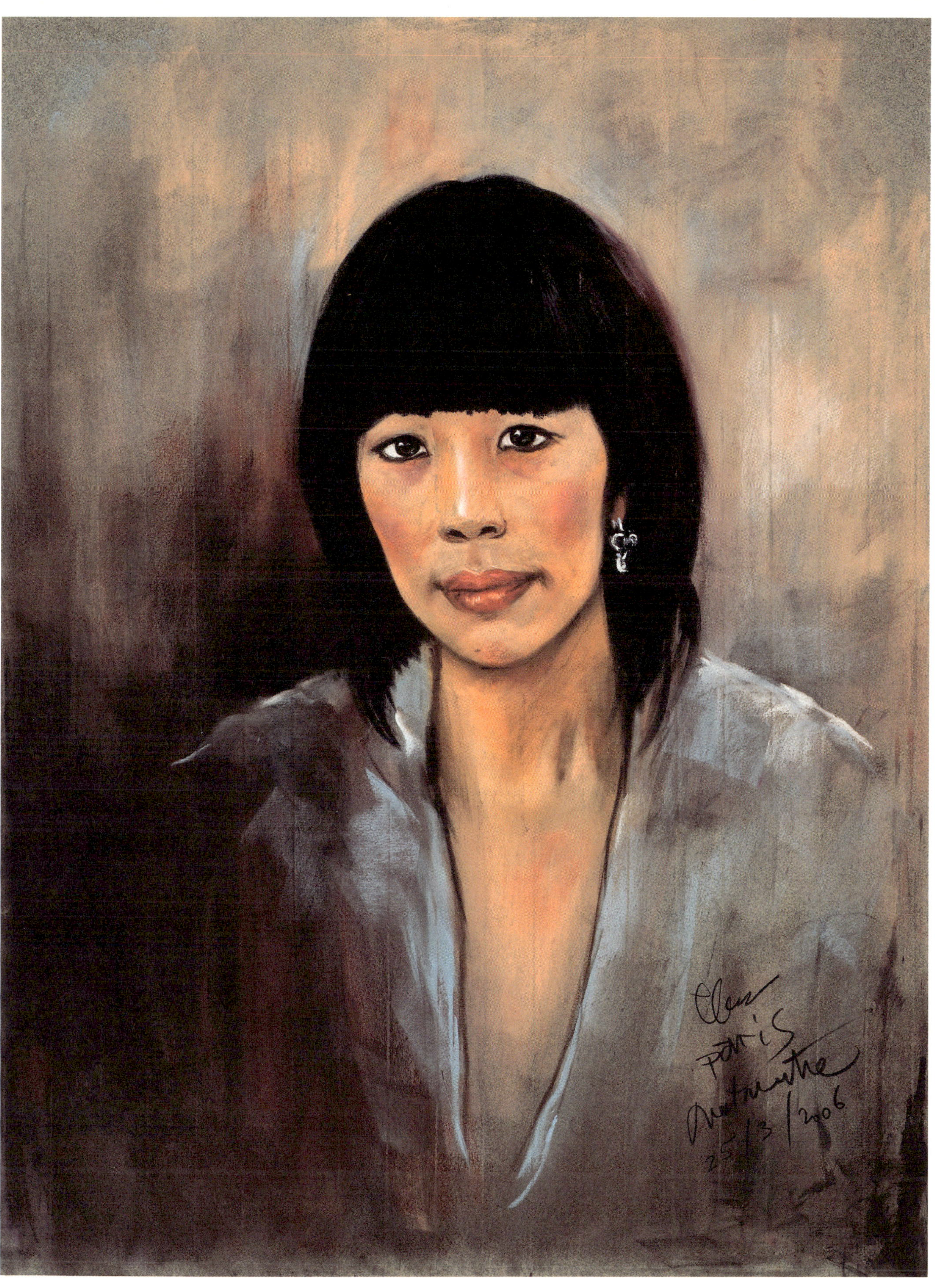

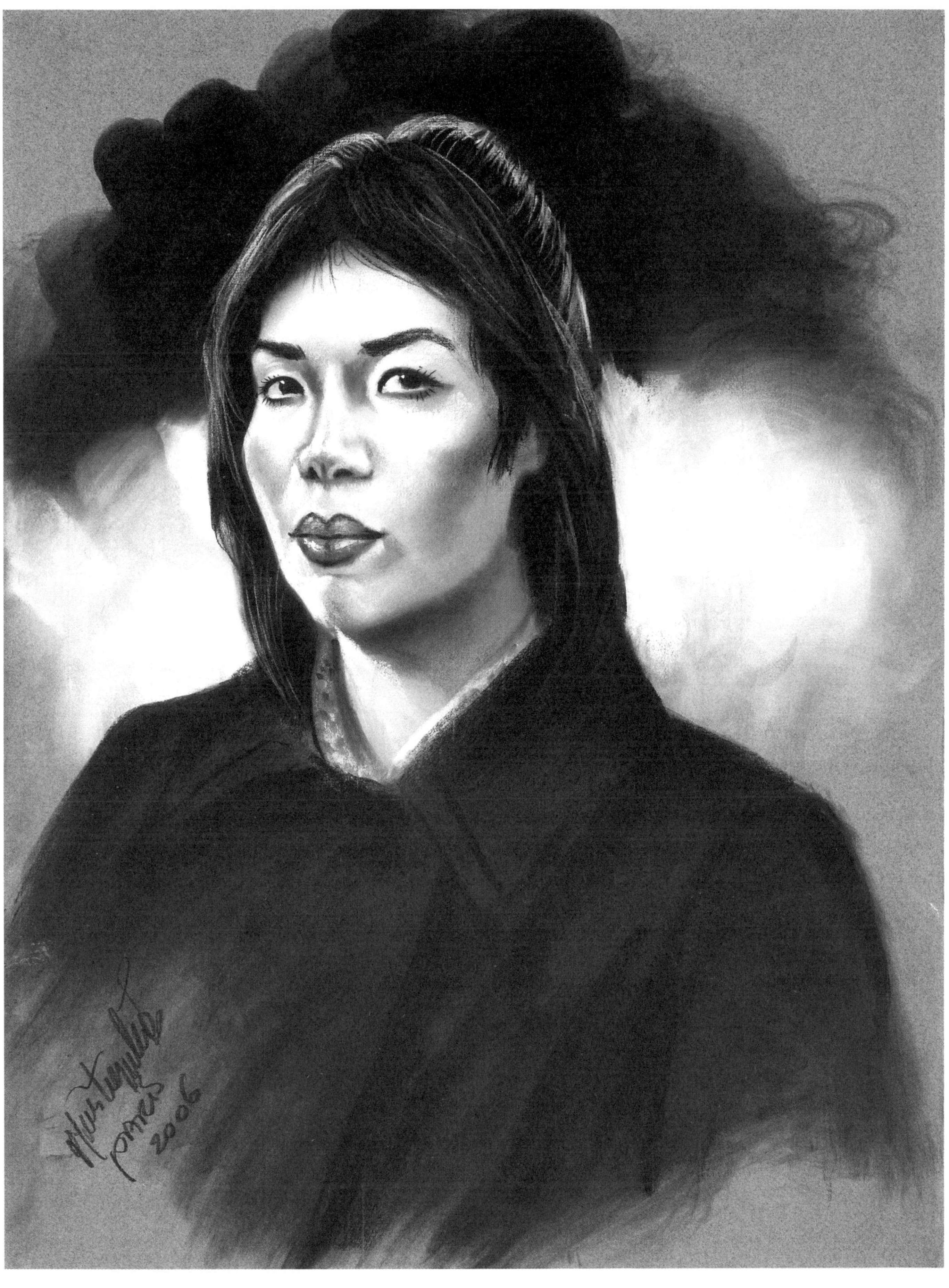

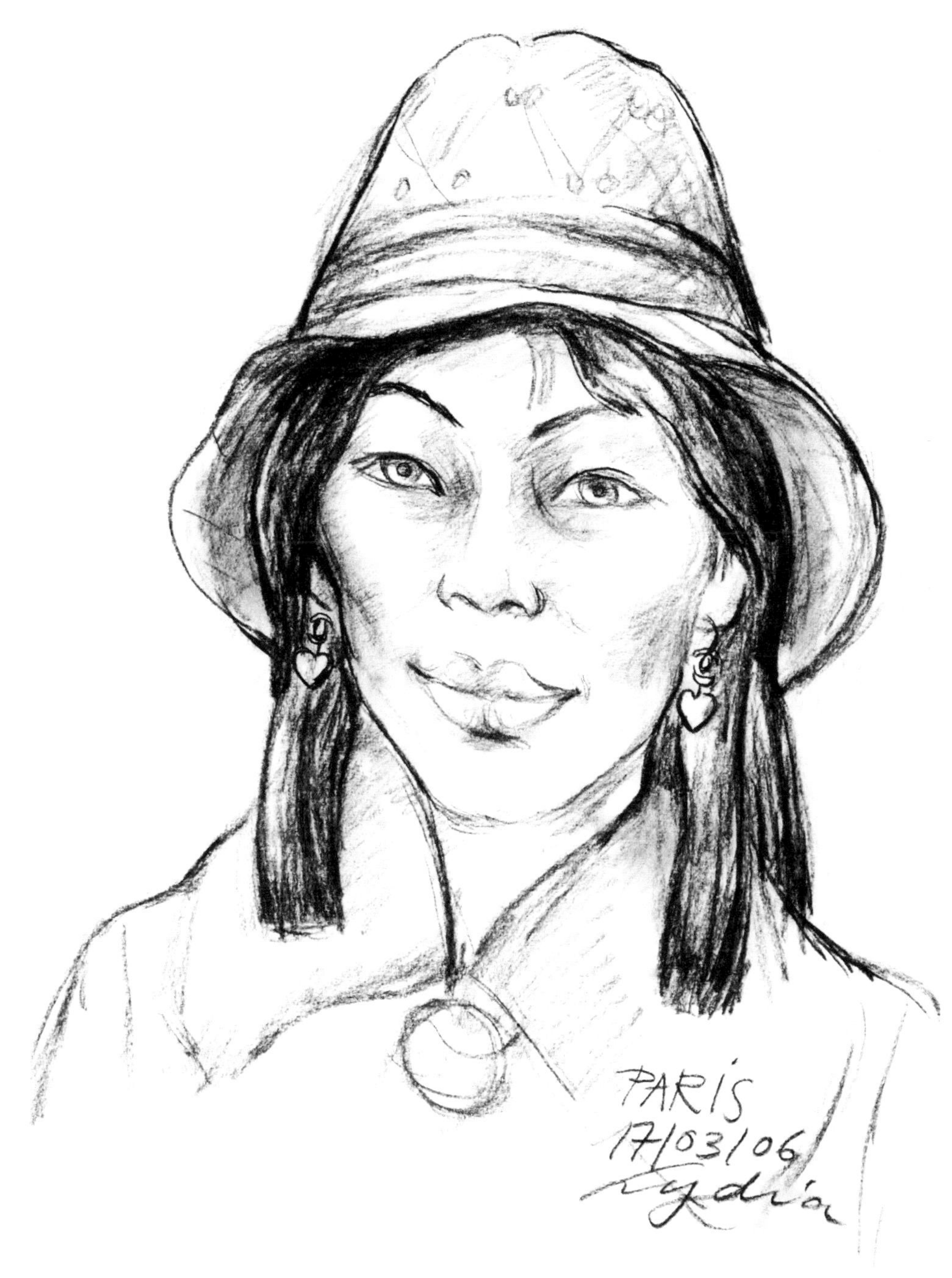

PARIS
17/03/06
Lydia

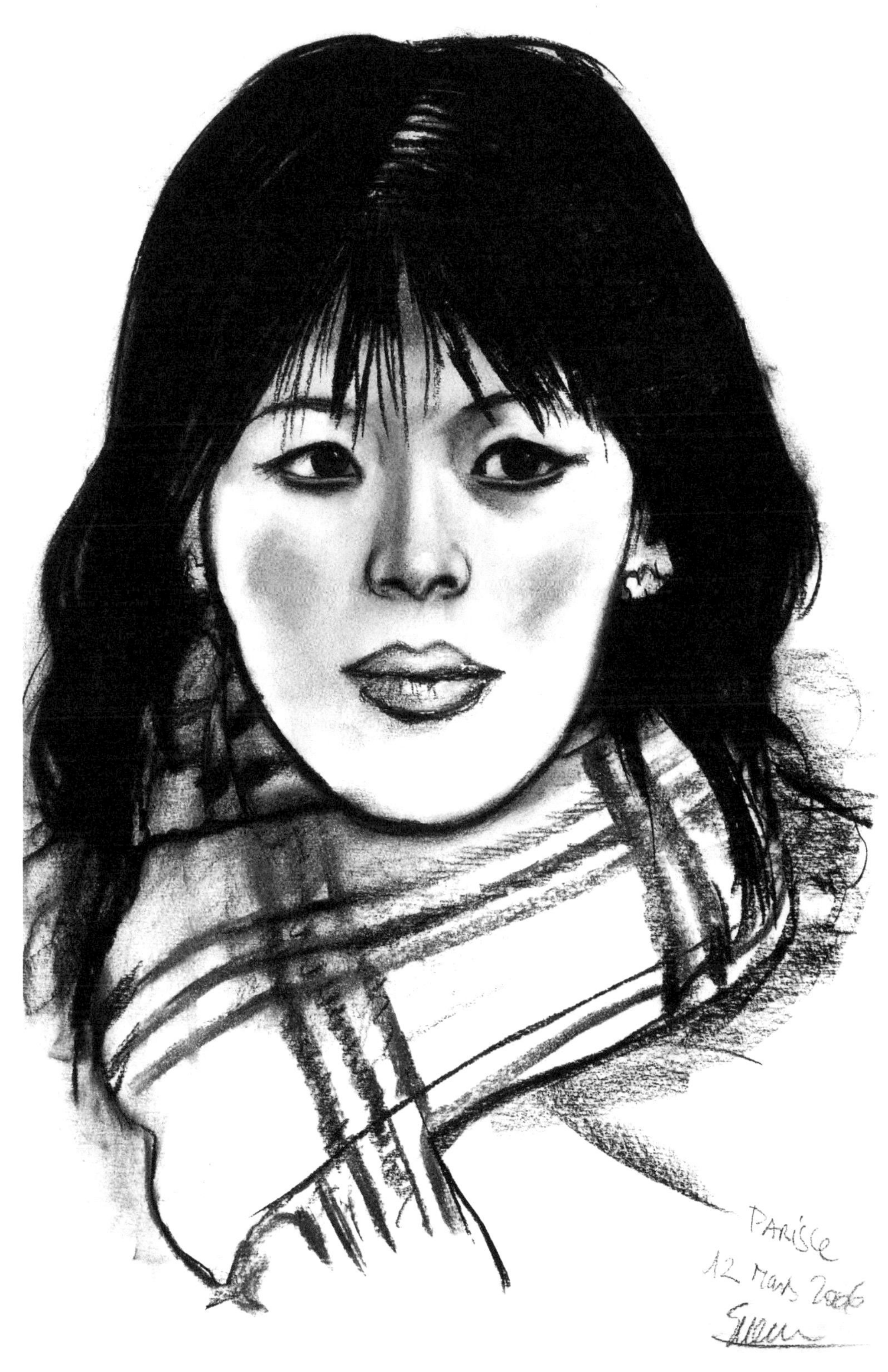

PARISCE
12 Mars 2006

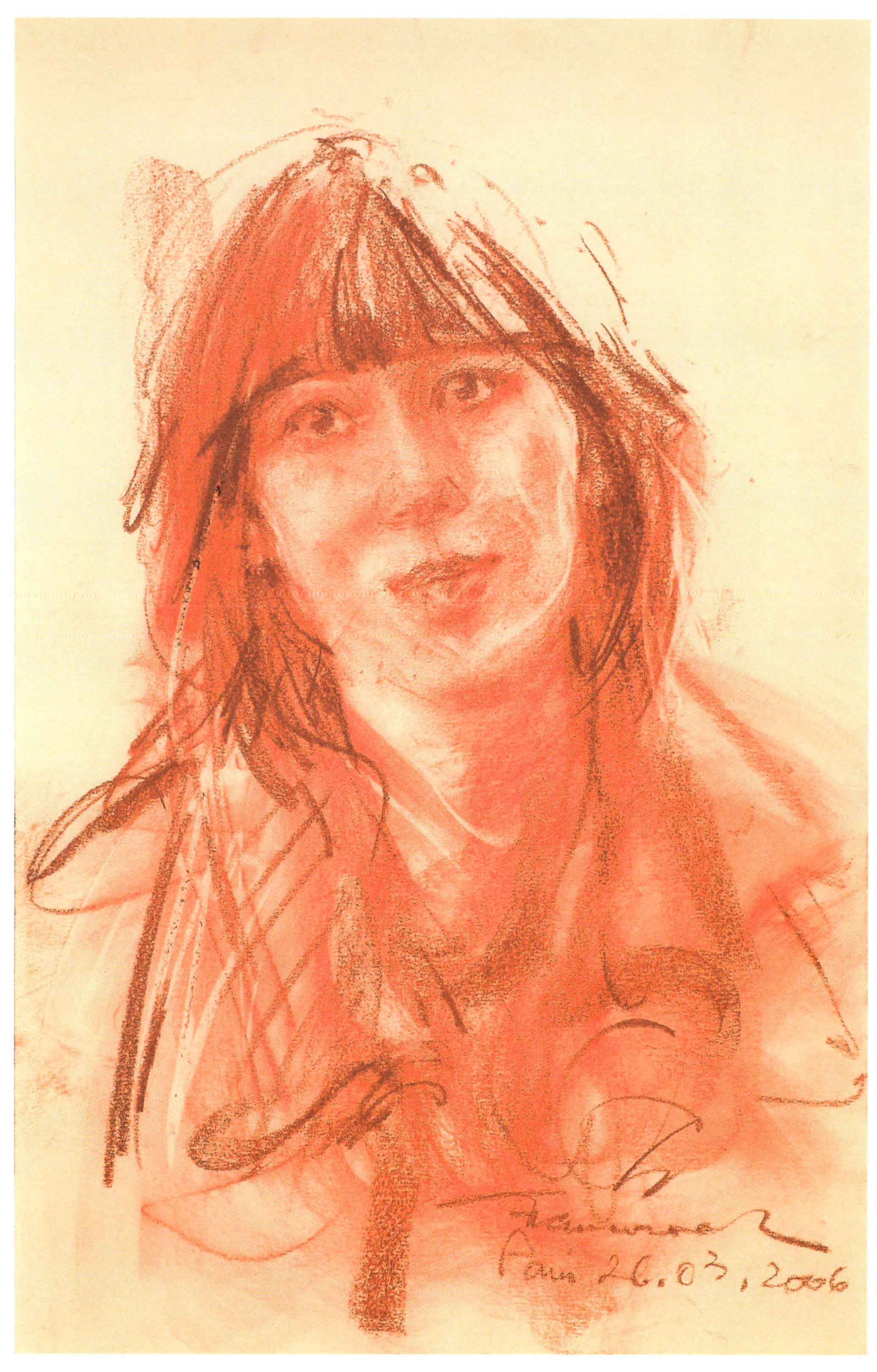

Paris 26.03. 2006

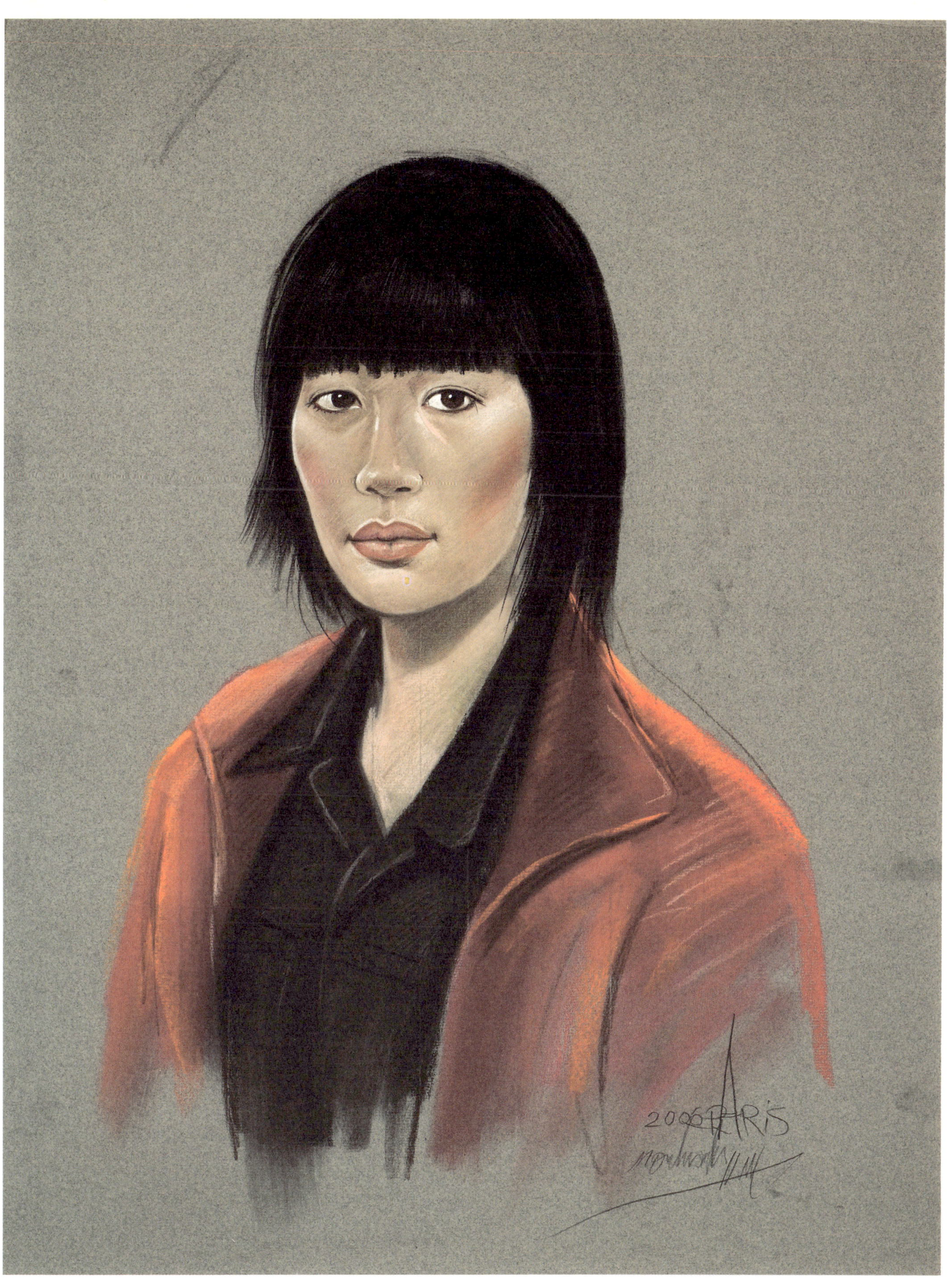

2000 PARIS

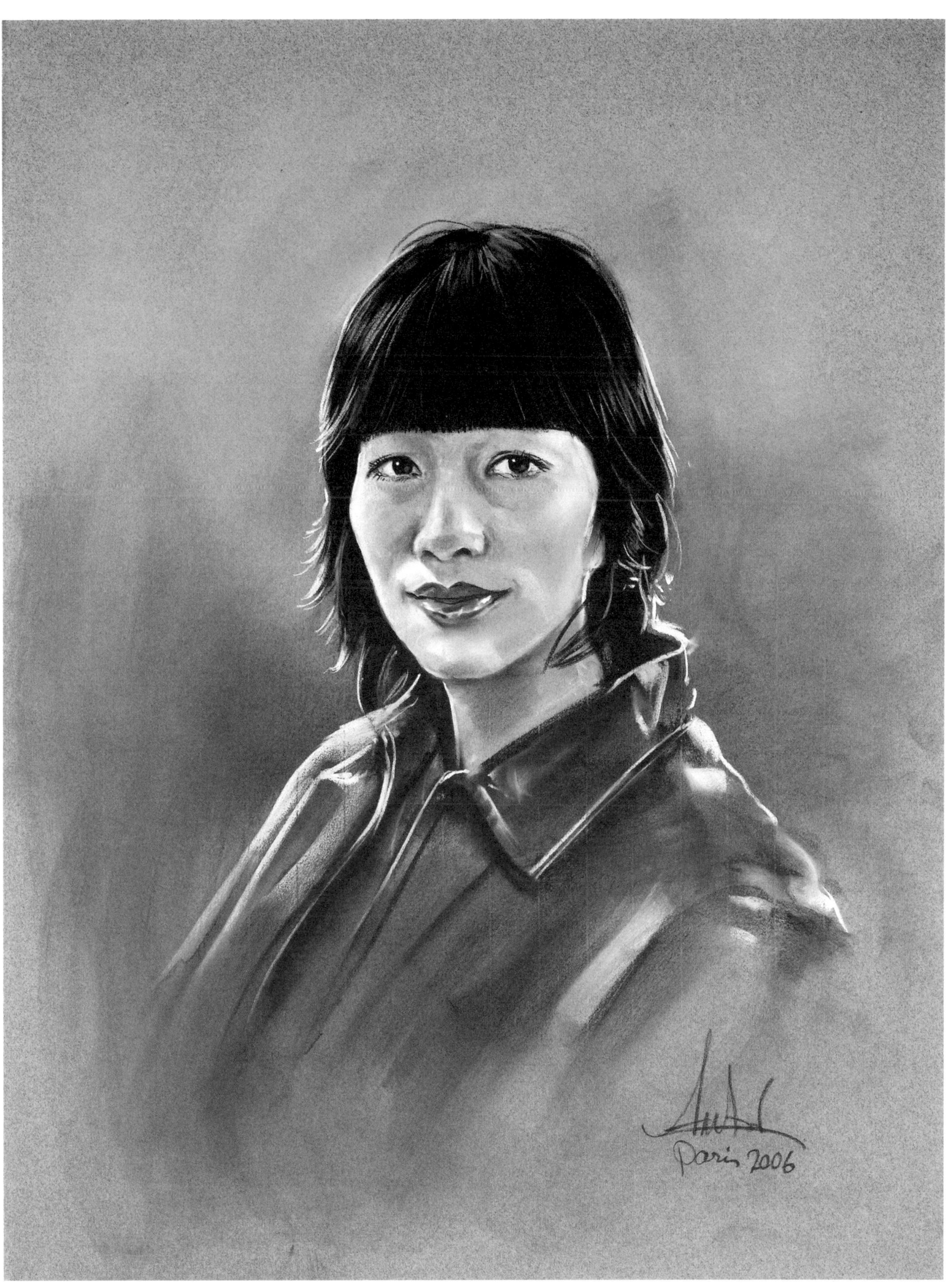

Paris 2006

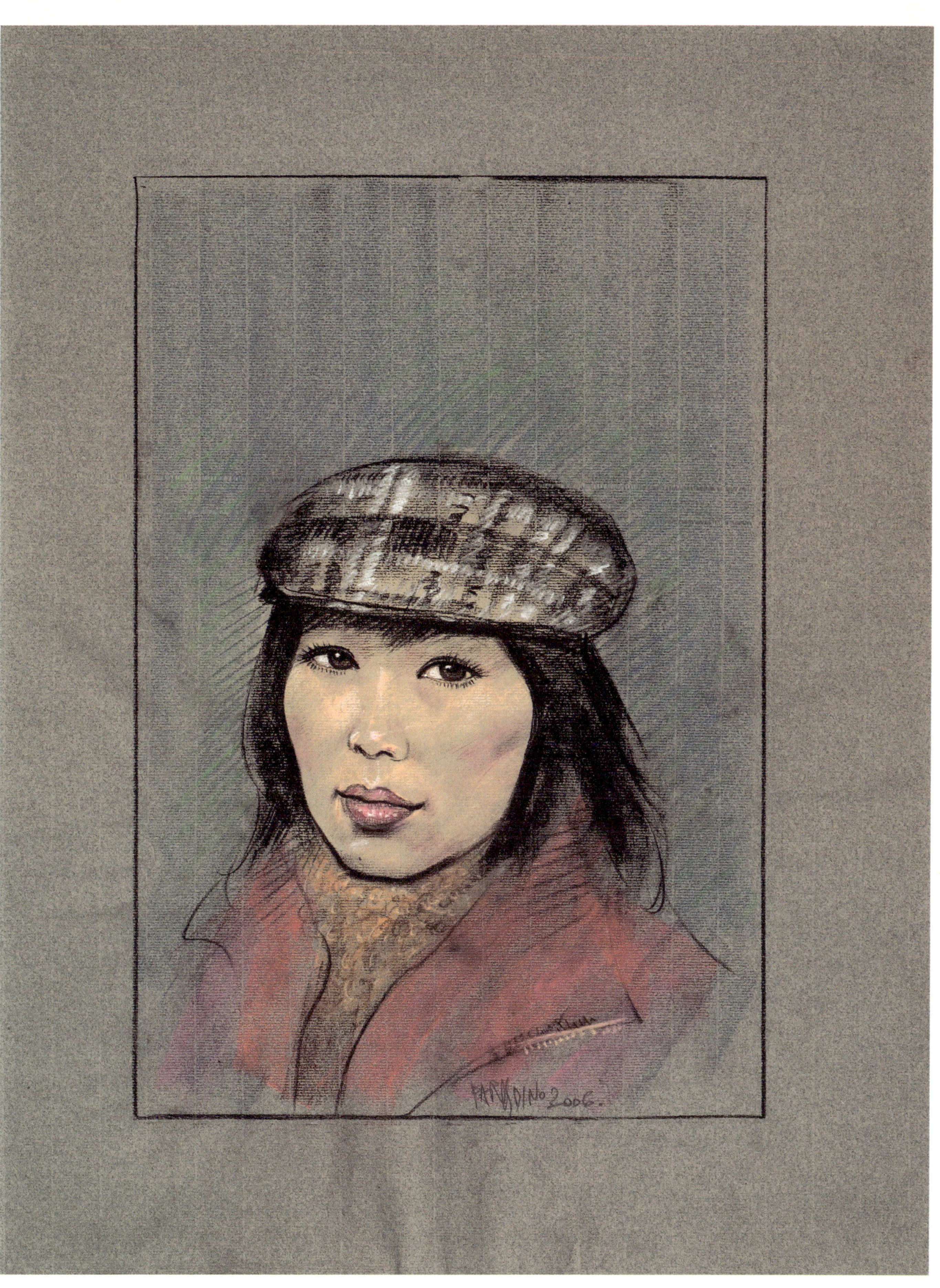

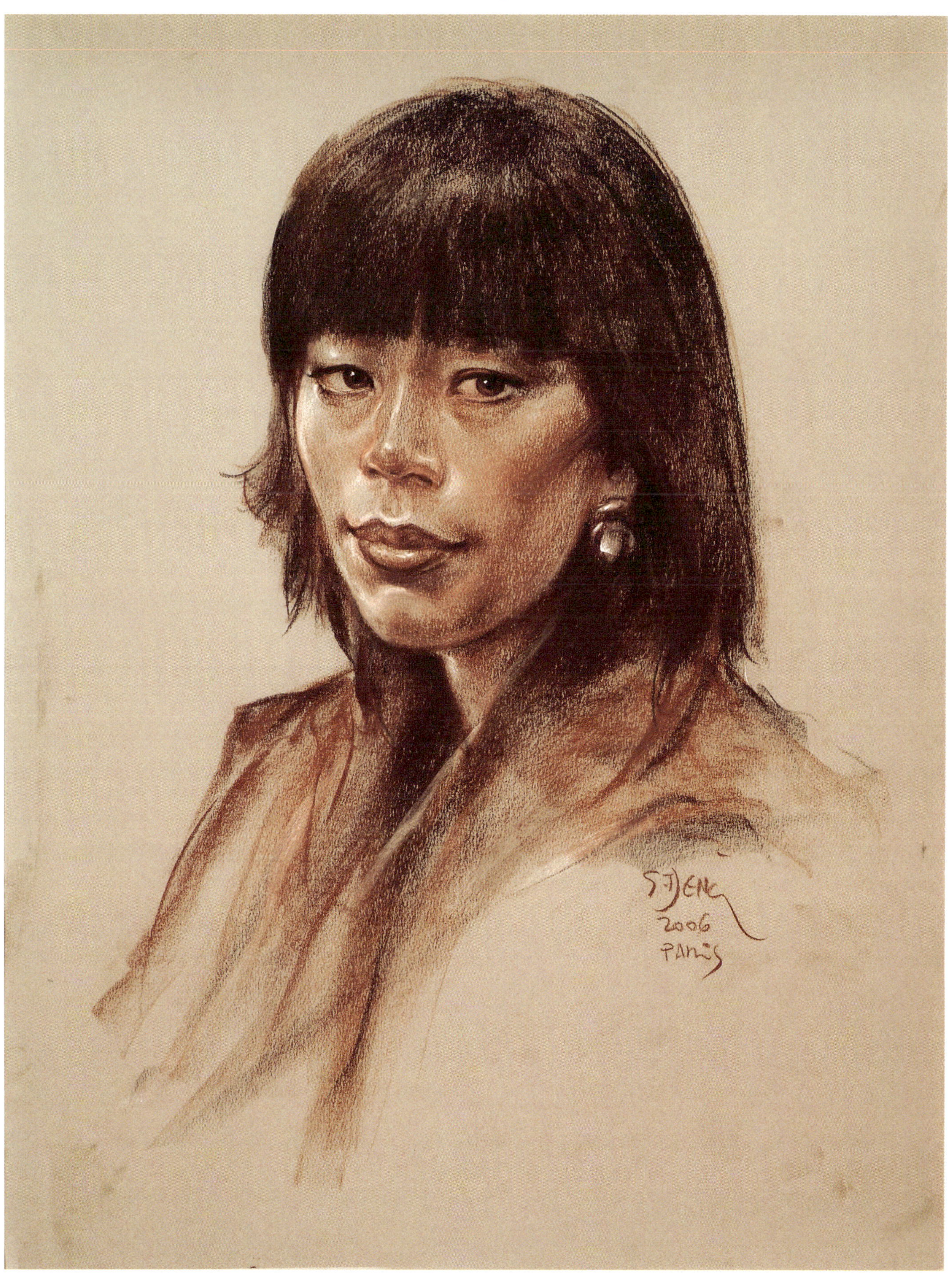

S.J JENG
2006
PARIS

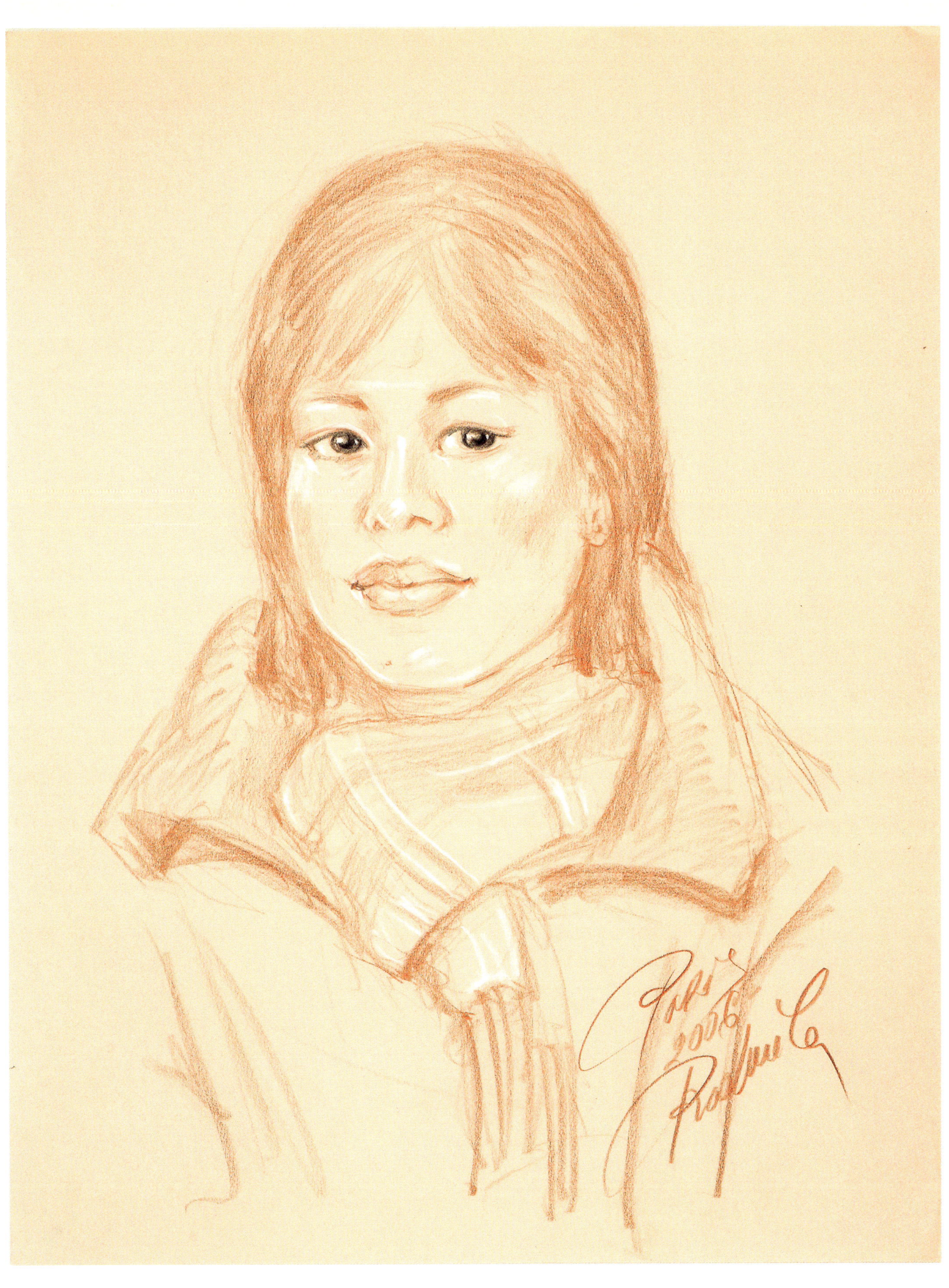

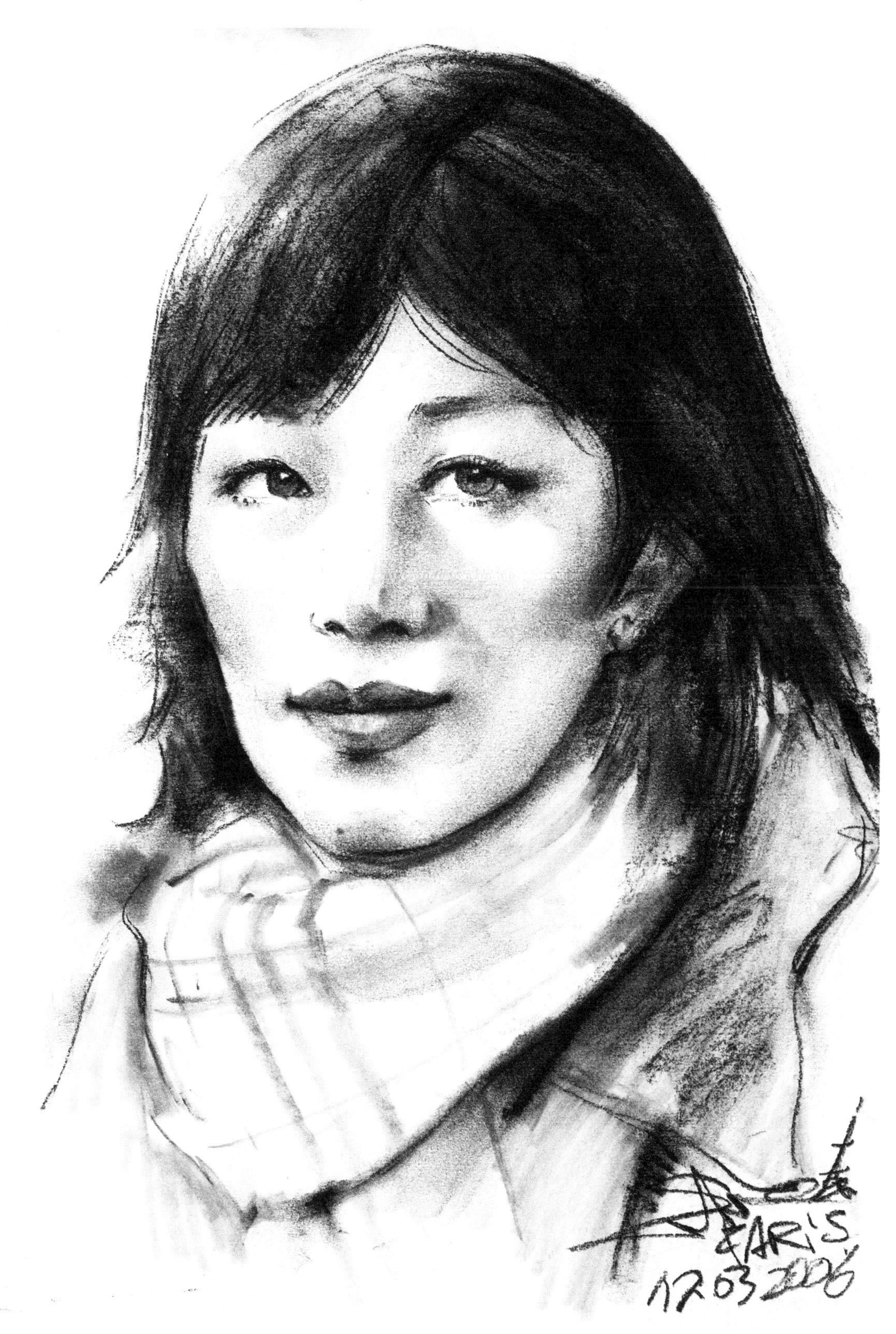

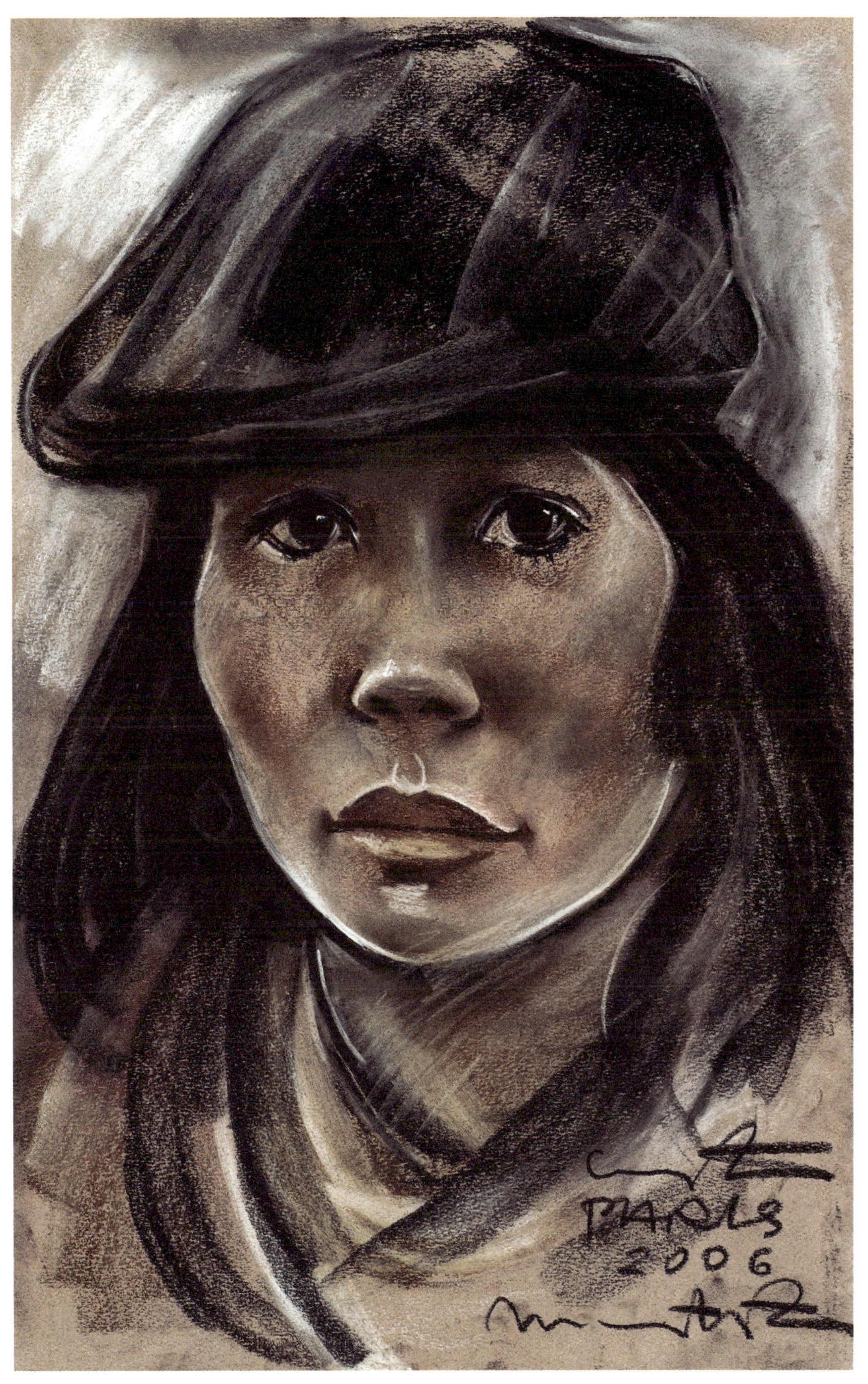

PARIS
2006

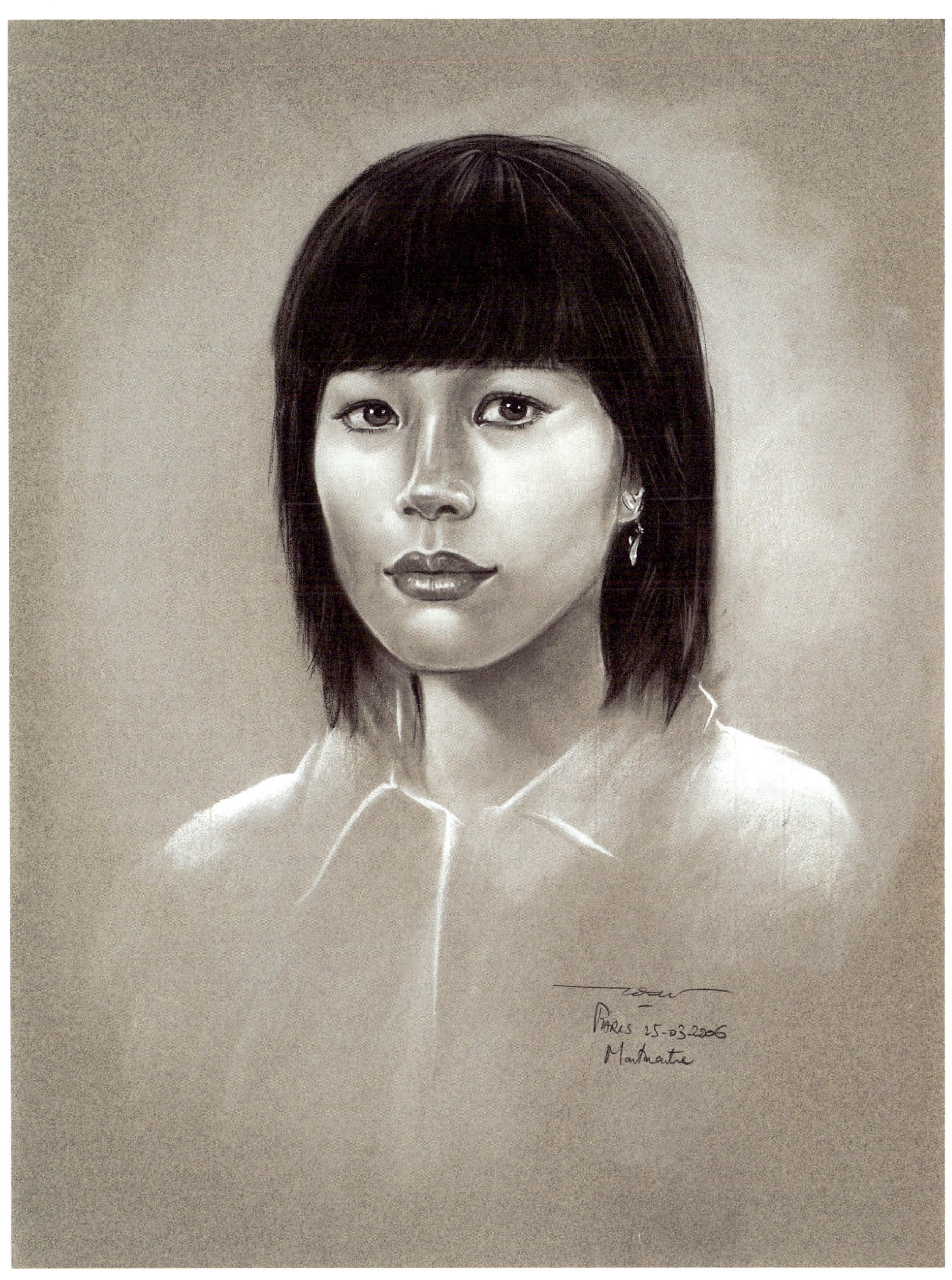
Paris 25-03-2006
Montmartre

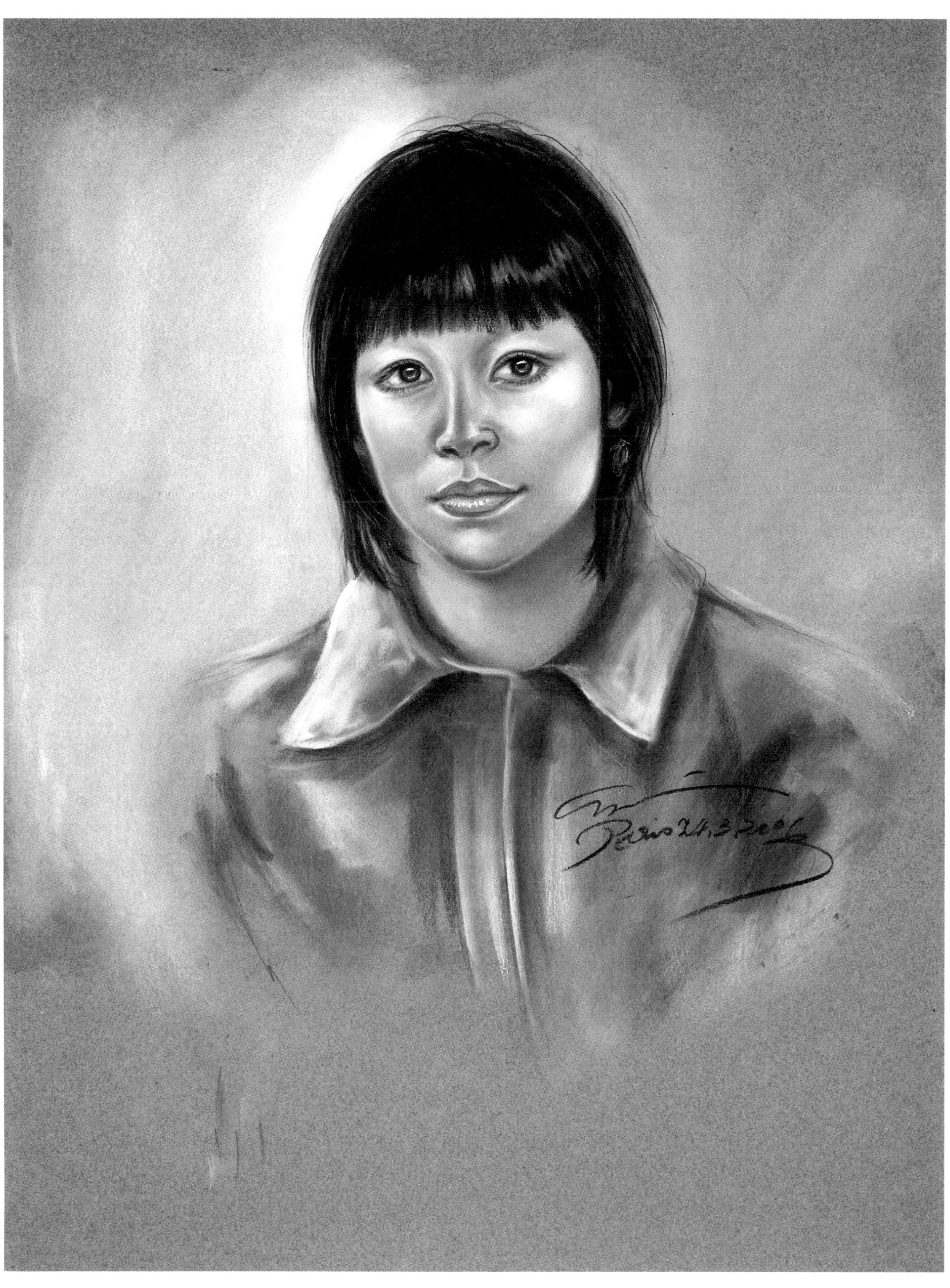

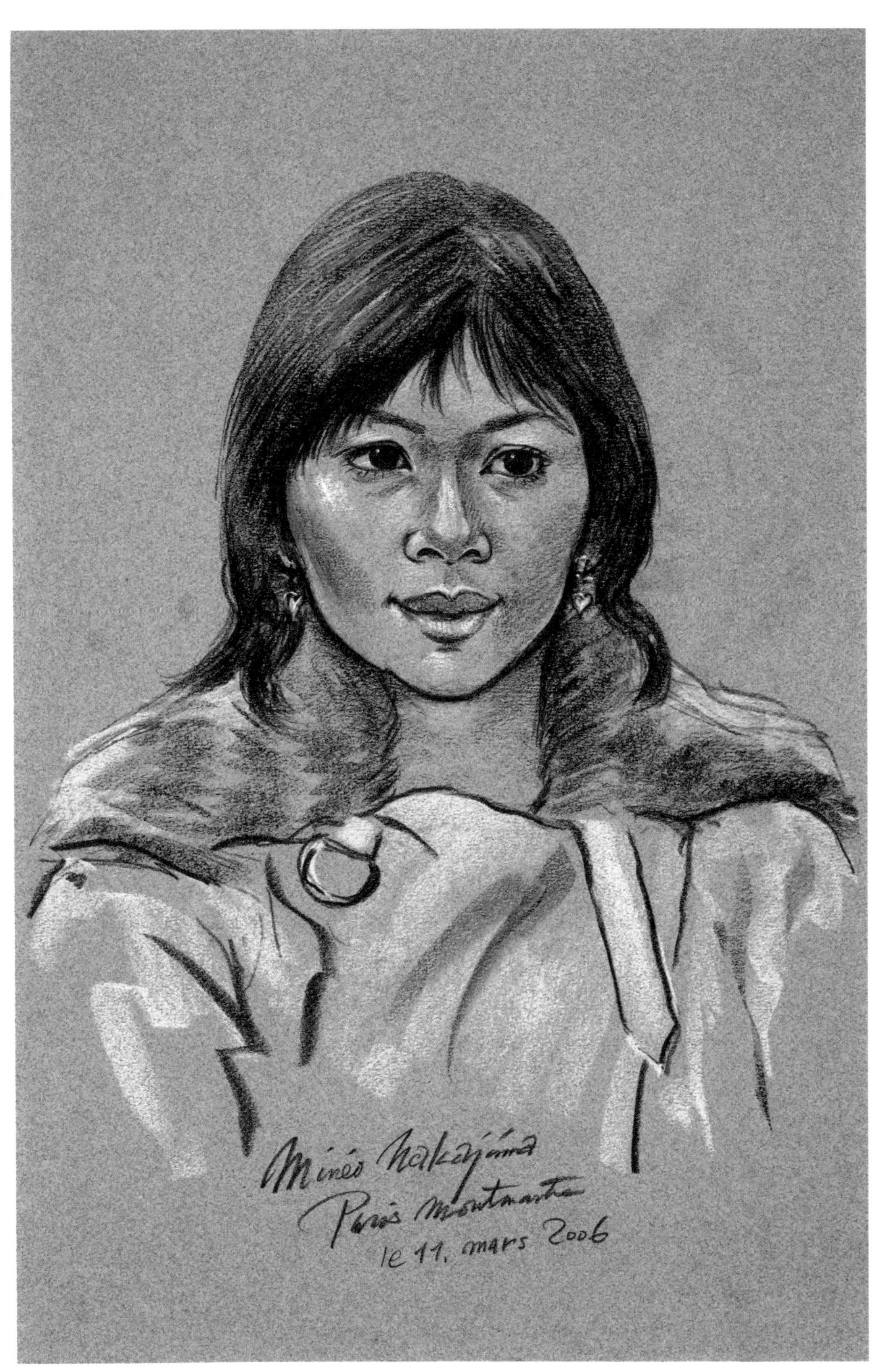

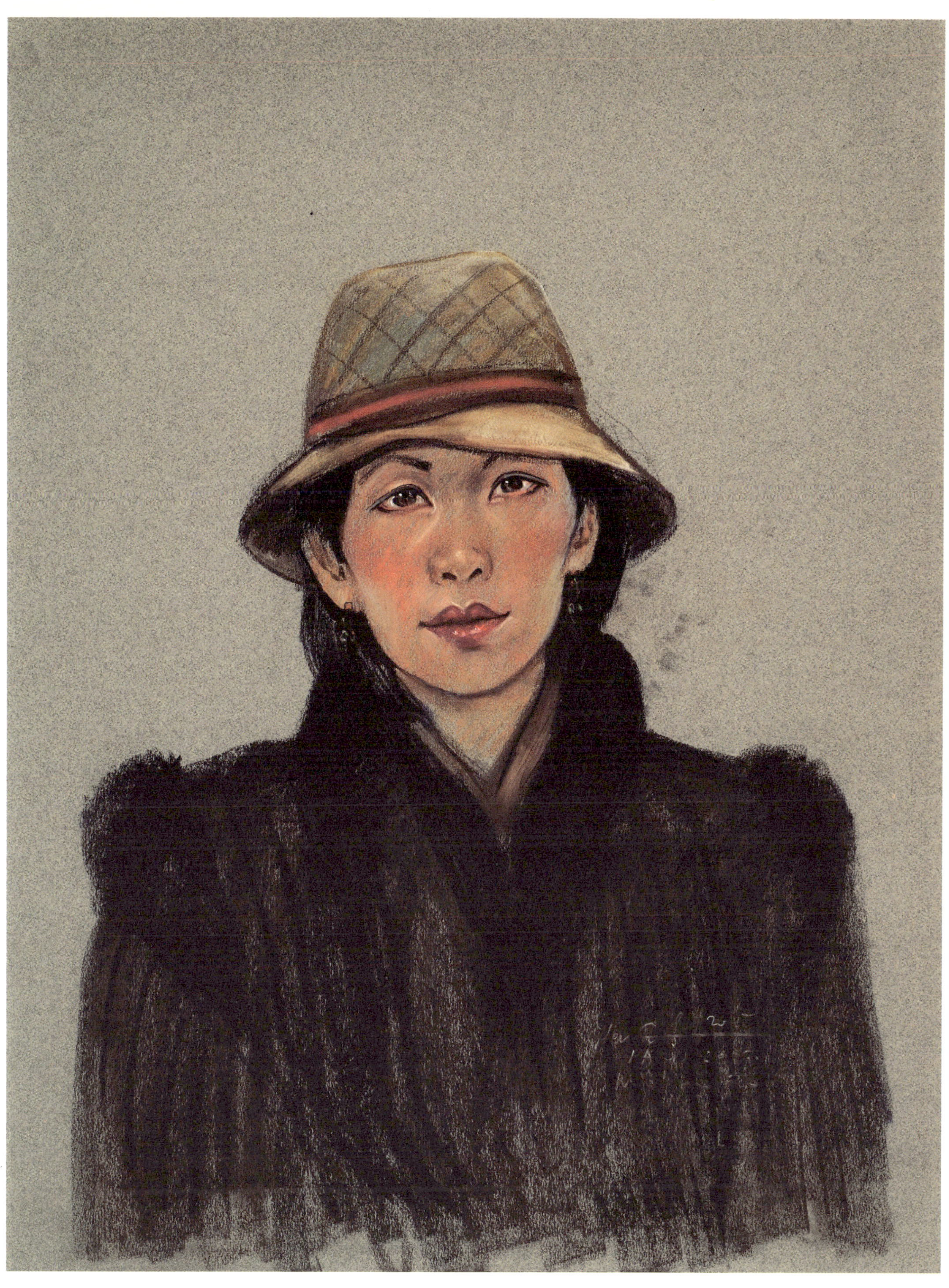

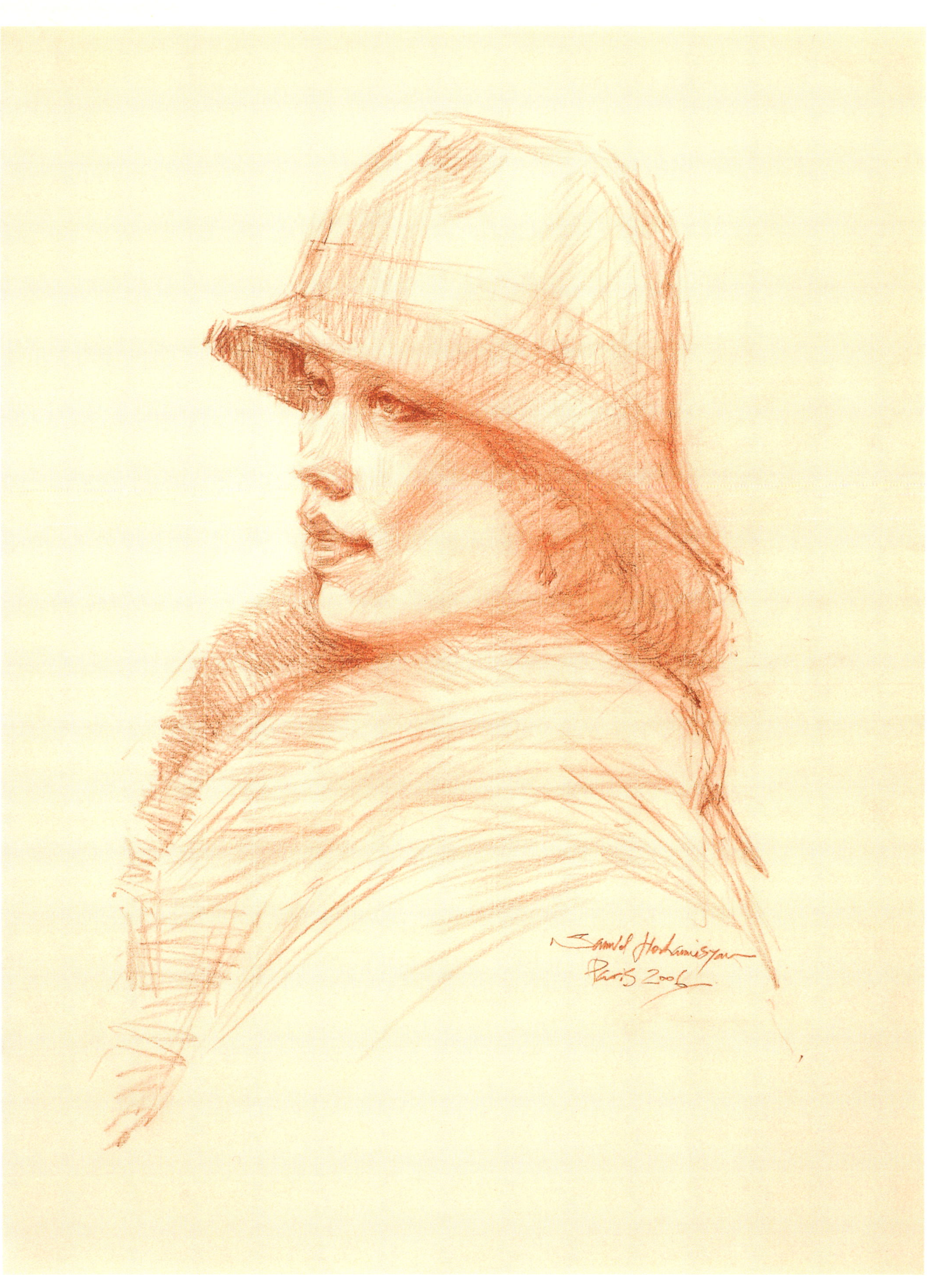

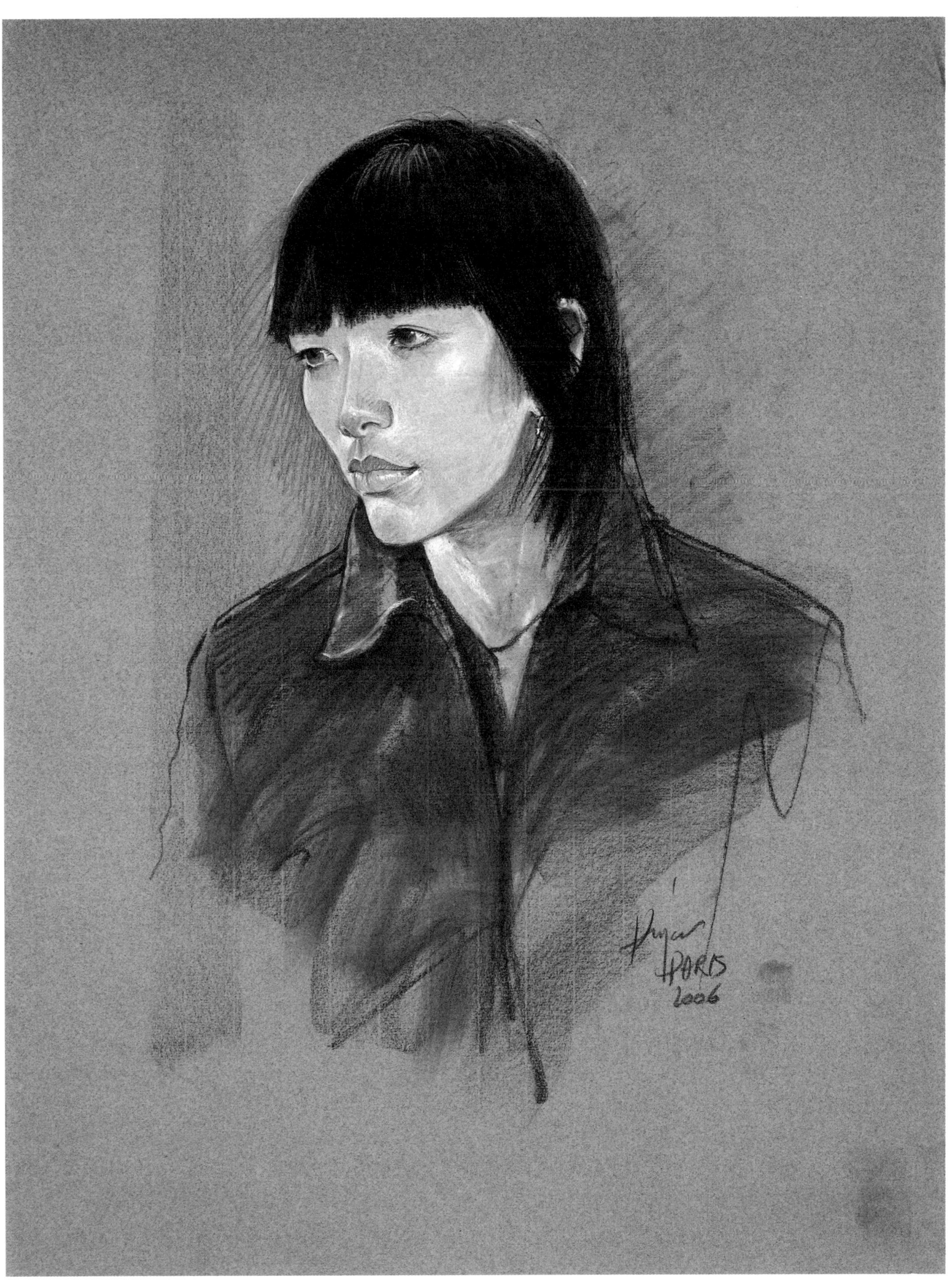

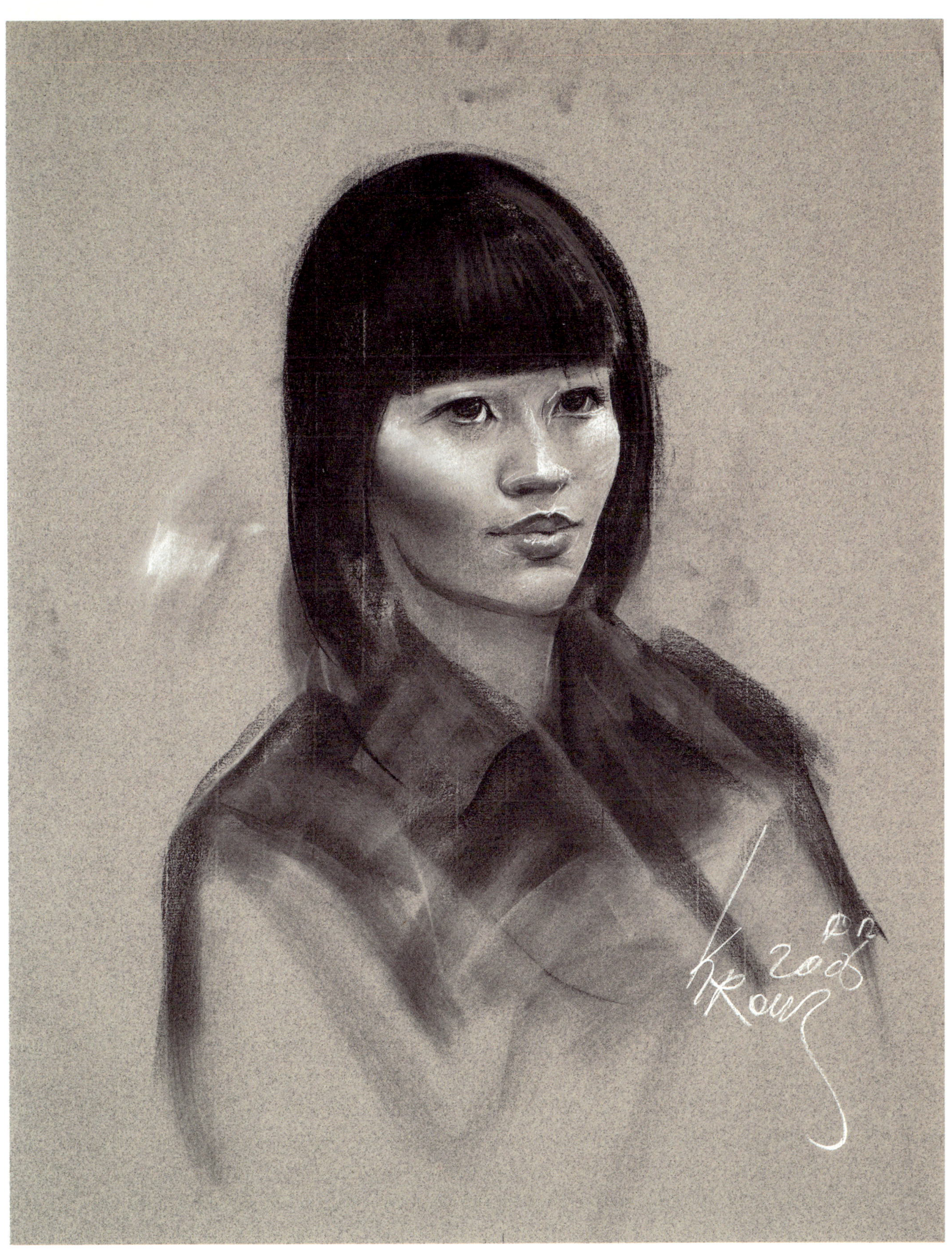

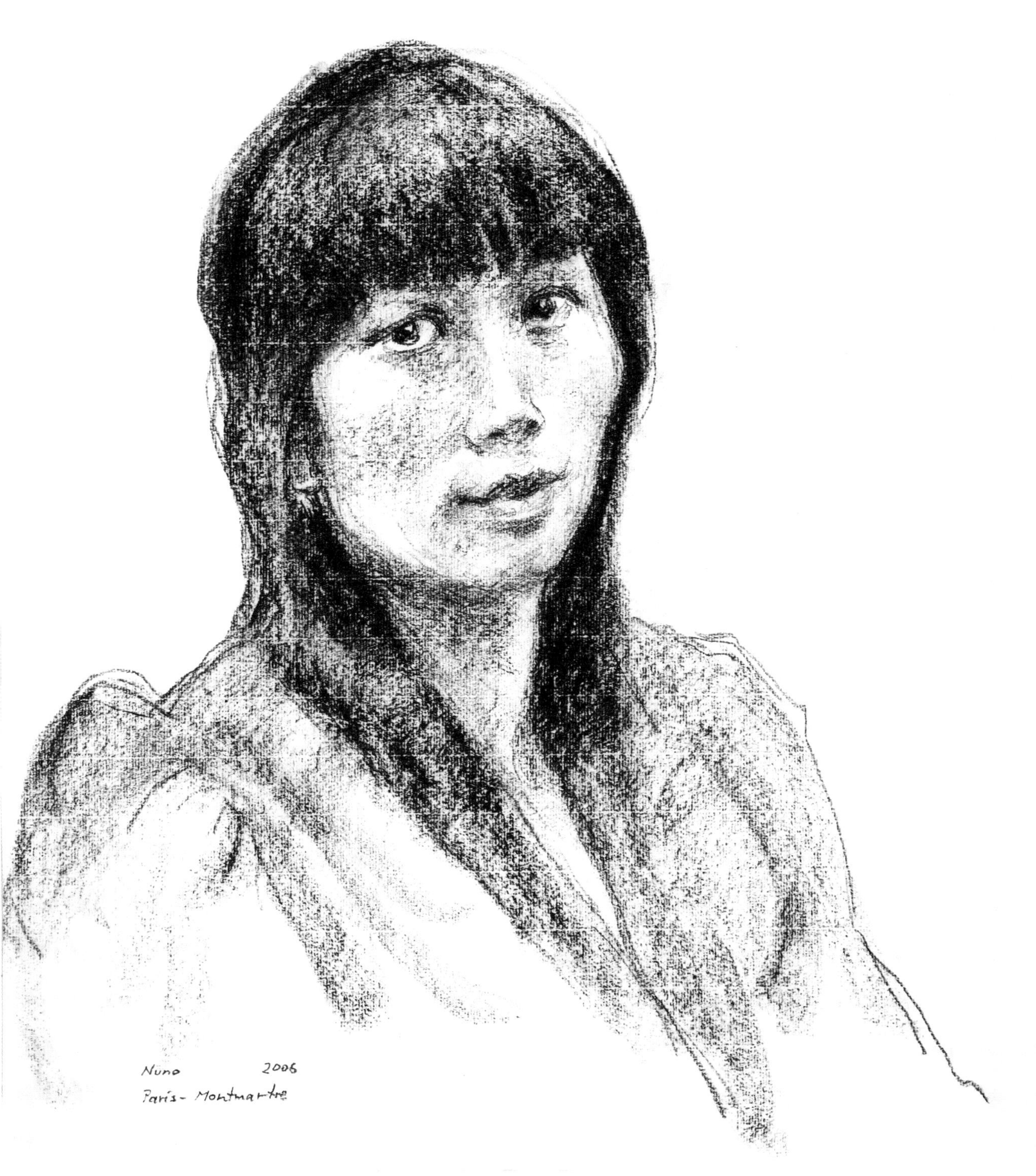

Nuno   2006
Paris- Montmartre

n°11: 56,9 x 38,2 cm. / n°15: 50 x 31,8 cm. / n°16: 50 x 32,2 cm.

n°17: 50 x 32,7 cm. / n°19: 62,5 x 50 cm. / n°22: 56 x 43,3 cm.

n°23: 41,7 x 30 cm. / n°24: 50 x 32,7 cm. / n°27: 50 x 32,7 cm.

n°32: 54,7 x 45,3 cm.

<u>Drawing dimensions</u>

all the drawings are 64,7 x 50 cm.

except:
n°11: 56,9 x 38,2 cm. / n°15: 50 x 31,8 cm. / n°16: 50 x 32,2 cm.
n°17: 50 x 32,7 cm. / n°19: 62,5 x 50 cm. / n°22: 56 x 43,3 cm.
n°23: 41,7 x 30 cm. / n°24: 50 x 32,7 cm. / n°27: 50 x 32,7 cm.
n°32: 54,7 x 45,3 cm.